# 破茧

## 全　红　婵　画　传

《体坛周报》———— 著

西苑出版社
XIYUAN PUBLISHING HOUSE
·北京·

**图书在版编目（CIP）数据**

破茧：全红婵画传 /《体坛周报》著 . --
北京：西苑出版社有限公司 , 2025. 3. -- ISBN 978-7-5151-1085-1
Ⅰ. K825.47-64
中国国家版本馆 CIP 数据核字第 2024V4V386 号

# 破茧：全红婵画传

---

**作　　者**　《体坛周报》
**责任编辑**　王思硕
**责任校对**　王振强
**责任印制**　李仕杰
**开　　本**　710 毫米 ×1000 毫米　1/16
**印　　张**　17
**字　　数**　160 千字
**版　　次**　2025 年 3 月第 1 版
**印　　次**　2025 年 3 月第 1 次印刷
**印　　刷**　小森印刷（北京）有限公司
**书　　号**　ISBN 978-7-5151-1085-1
**定　　价**　98.00 元

---

**出版发行**　西苑出版社有限公司 金城出版社有限公司　北京市朝阳区利泽东二路 3 号 邮编：100102
**发 行 部**　（010）84254364
**编 辑 部**　（010）64391966
**总 编 室**　（010）88636419
**网　　址**　http://www.jccb.com.cn
**电子邮箱**　xiyuanpub@163.com
**法律顾问**　北京植德律师事务所　18911105819

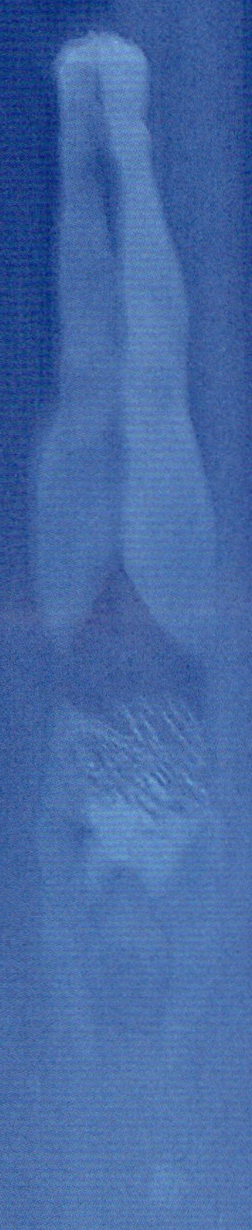

# 目录

卷首语

# 神奇的“成全”

2021年东京奥运会之前，在和央视跳水专项记者杨烁聊天时，他提醒我们可以多关注一下全红婵。

说实话，当时有些被震撼到了。

中国跳水队人才辈出。在那个奥运周期，任茜、司雅杰、陈芋汐、张家齐、卢为等人都是女子10米台的潜在竞争者，而东京奥运会延期后的第一站国内选拔赛，才是全红婵第一次进入公众视野——没有任何国际大赛履历，连国内比赛都参赛寥寥，尽管国内选拔赛她曾经献上“杀疯了”的表演，但这个14岁的小丫头到底在奥运会舞台能掀起什么波澜，大家心里还是有些没底。

后来的故事就不赘述了，出战东京女子10米台，决赛中全红婵五个动作有三个得了满分——这是跳水历史上从未有过的名场面！这枚金牌让全红婵从不被人关注的角落一举闪耀全世界，“满分跳”“红姐”“水花消失术”都成为她的代名词。就连此前国内比赛时她的经典名句“杏哥是谁啊”，都在此刻被翻出来让大家津津乐道；而她本人，对于自己“搞笑女”的天性也并不否认。

年龄最小、资历最浅、成绩最亮眼，全红婵无疑是跳水队的团宠，也就此成为无数国人心目中的优质偶像。

东京奥运会余温尚存，陕西全运会再踏征途。女子10米台决赛12人名单，有四位奥运冠军、两位世界冠军和两位全国冠军，全红婵再度摘得金牌——不折不扣的“神仙打架”，这样的名场面也只有跳水和乒乓球赛场才能见到。

来不及回味金牌的滋味，巴黎奥运会的脚步已近。这次，不仅比单人还要比双人，同时教练换成了奥运“五金王”陈若琳，全红婵和陈芋汐携手开始了新的奥运征程，也让“水花消失术”频繁冲上热搜，让“教科书般的动作”成为常用解说词。

这一切，伴随着全红婵和陈芋汐“双人从不丢金，单人包揽金银”，一直延续到巴黎水上运动中心——在两人联手夺得10米台双人金牌后，全红婵在单人决赛中再度献上一次满分跳，并最终获得冠军。

赛场内外，看到的是她的专注；话里话外，听到的是她的率真。

三年间，两次奥运之旅，斩获三金，全红婵年仅17岁，是时候为“红姐”献上这本特辑了。

曹亚旗

《体坛周报》副总编辑

# Part 1 横空出世

毫无征兆
全红婵就突然斜刺里「杀」了出来
放了颗卫星

## 初生牛犊不怕虎

中国跳水的掌门人周继红完全没见过她；其他参赛队伍、跳水评论员和观众们根本不认识她；就连广东跳水队当时的负责人吴国村都始料未及：全红婵到河北正定，只是为了“试试水”，毕竟她是为第二年陕西全运会准备的后备力量，而且目标还是首次设立的14岁以下青年组的比赛，参加成年组比赛只是为了让她“见见世面”……

2020年3月，东京奥运会史无前例地被迫延期，让很多运动员的命运发生了转变，这其中就包括了刚满13岁的全红婵。不可否认，小姑娘是一块璞玉：水感好、专项素质突出、基本功也比较扎实。如果按部就班的话，东京奥运会她首先会卡在年龄上，奥运会，满

← 2020年10月，全国跳水冠军赛女子10米台单人，全红婵一鸣惊人，以437.75分夺得冠军，张家齐(左)和陈芋汐(右)分获第二、三名。

↓ 2020年全国跳水冠军赛，13岁的全红婵一战成名。

14岁是跳水参赛的红线。延期一年，全红婵刚好绕过了年龄上的参赛限制。

然而，她的幸运还不止如此。东京奥运会的参赛阵容其实通过2019年一系列选拔，已经基本浮出水面。不过，为了应对奥运会延期，促进队内竞争，已经完成的奥运选拔结果被全部清零，所有人重新回到同一条起跑线上。

可以毫不夸张地讲：奥运会延期和中国跳水队奥运选拔的规则修改，成为全红婵日后一鸣惊人的必要条件。

在特殊的日子里，经历了大半年的封闭集训，2020年10月，中国跳水终于迎来了重启奥运选拔后的首站争夺——2020年全国跳水冠军赛，地点设在了正定的河北奥体中心游泳跳水馆。

13岁的全红婵跟随着强大的广东队也出现在比赛现场。在兵多将广、底蕴深厚的跳水队伍中，没人会关注这个身高刚过1.3米，满头“黄毛”的小丫头。毕竟，她在参加比赛前，刚刚学会了6243D这个动作，将5个女子跳台选手的自选动作勉强凑齐。作为没有任何成年组全国比赛经验的“菜鸟”，在赛前没有人指望她能大放异彩。

即便半决赛她以第5名的成绩闯入了决赛，依然没有在赛场掀起什么波澜，毕竟中国女子跳台灵光乍现的小女孩儿不胜枚举。

10月4日，就在大家关注着以任茜、司雅杰为代表的“老”前辈和以张家齐、陈芋汐为核心的新生代，究竟谁会在重启的奥运选拔中占据上风时，名不见经传的全红婵让大家更深刻地理解了——女子跳台项目是爆冷的温床。

她在前两跳一直紧紧地咬住张家齐，身处第一集团。第三轮207C，是女孩子最容易失误的动作，先出场的全红婵惊艳地得到了94.50的高分，当张家齐同样的动作出现闪失后，全红婵完成了反超。

接下来的6243D是她刚刚练成的新动作，首次在比赛中使用，她的省队教练何威仪心里也打鼓：“6

← 2020年全国跳水冠军赛，是13岁的全红婵参加的第一场成年组比赛。

→ 全红婵在看台上为队友加油，此时的她毫无名气，还无人知晓。

组刚刚成型十几天，不知道小红能发挥成什么样？”全红婵登台前，何教练跟她耳语了几句，然后全红婵一溜烟儿地蹿上了台阶。

不知道奥运会是什么，更不知道奥运选拔是干什么的，心无杂念，反而让小姑娘将注意力全部集中在这个新动作上。

只见她在跳台边缘稳稳地撑起瘦弱的身体，静止几秒后，有力地推手，然后在空中完成了令人眼花缭乱的翻腾和转体，最后身体稳稳地插入了水中。水花虽小，角度有所欠缺，但是86.40的得分，让她领先张家齐20多分，领跑积分榜。

何威仪脸上露出了笑容，吴国村也是激动得不停鼓掌，广东队教练和队员组成的啦啦队声浪震天，而现场所有人都清楚，重新启动的奥运选拔，第一场决赛就要有故事发生了。

最后一跳5253B，全红婵看上去驾轻就熟，稳稳地跳出了91.20分的好成绩，锁定了头名，437.75分的总成绩可谓强势夺冠，这个分数超过第二名的张家齐几乎30分。

准备颁奖时，亚军张家齐和季军陈芋汐谈笑风生，说着闺密间的体己话，而全红婵顶着一头“黄毛”和那件明显大出几号的领奖服，在一旁懵懂地看着两个以前只在电视上见过的国家队选手，不知所措。此时，央视跟队多年的跳水记者杨烁，上前化解了她的尴尬，两位国手和她在领奖前完成了祝福和拥抱。

站在冠军领奖台上的全红婵不怎么自在，从来没有在这种地方接受来自现场那么多人的注视，她的表情和动作都有些僵硬，甚至某一刻嘟着嘴的小姑娘，看上去还有些委屈，让人有第一次接受媒体采访，13岁的全红婵还显得一脸稚嫩。

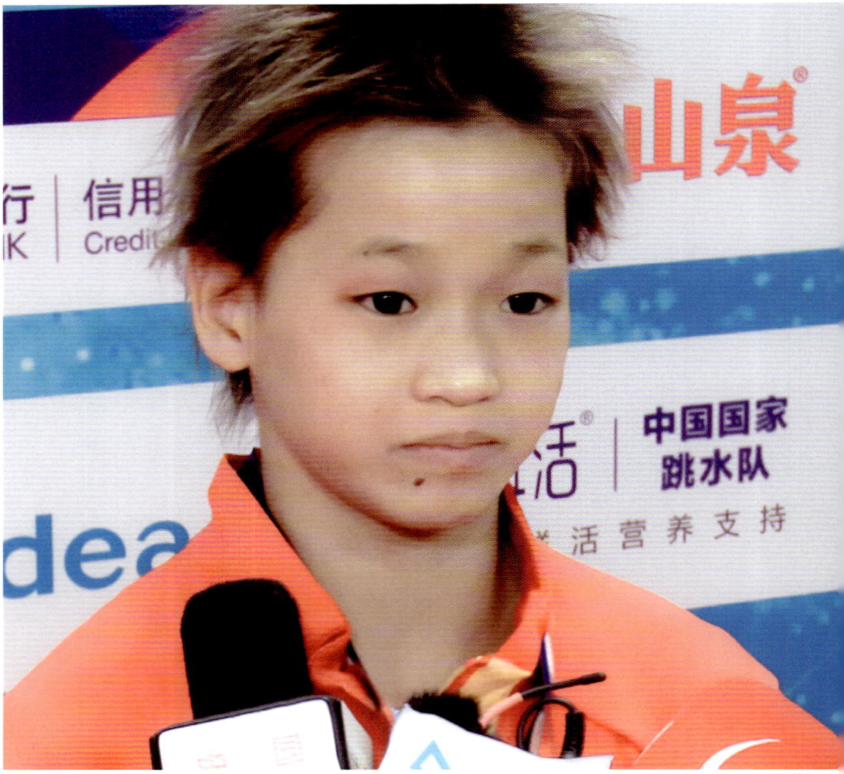


些担心，下一刻她会哭出来。过于残酷的竞技场，从来没有加冕过的荣誉，让她在短短的几十分钟里，便尝到了个中滋味。

第一次接受采访的全红婵怯生生地表达着自己的想法：“没想过能击败场上的几位世界冠军，五个动作就是按教练讲的，照着训练去做，放开大胆去跳。”

但是有一句话，她说得很坚定，“下一次比赛，我还想拿第一”。

练习跳水仅仅6年，便成为全国冠军，这在中国女子跳台的历史上，并不鲜见，但是在特殊节点爆出大冷门，并有可能影响奥运选拔的走向，确实是头一遭。而全红婵个人的跳水履历如下：国家队集训经历0次；国际比赛0场；全国成年比赛1次。其如同一张白纸般的跳水经历，根本无法与纷繁复杂、异常残酷的奥运会相提并论。

不过，国家队还是向她抛出了橄榄枝，正定的比赛刚刚结束，她便火速奔赴北京，正式加盟国家集训队，成为国字号选手。

那应该是全红婵在国家队最无忧无虑的一段时光：她自己并不清楚奥运会的意义，也没有人给她施加奥运资格的压力，每天就是反复打磨那5个动作。

闲下来的时候，在封闭的训练局里，她会跟远在广州省队的闺密煲电话粥，也会经常给亲人打电话聊上一个多小时。作为队中年龄最小、资历最浅的新人，她的率真打动了大家，成了团宠，队伍的成员亲切地称她为“红姐”。红姐动若脱兔静若处子，训练之余，她会用跳舞机继续宣泄自己过剩的体力，也会像很多少女一样，搂着自己的卡通玩偶，诉说心事；或者在短视频里跟踪热点、寻找自己的兴趣点。

后来，她突然发现看电影也是缓解疲劳的不错选择，尤其是“鬼片”，恐怖气氛达到极致的时候，她便将“累”全都抛之脑后了……

金牌来自日复一日的训练，才能做到像全红婵说的那样：“下一次比赛，我还想拿第一。”

# 再战折戟

时间就这样过去了三个多月，2021年1月，全红婵首次以国家集训队队员身份参加了在武汉举行的东京奥运会第二站选拔。此时的“红姐”，已经开始憧憬奥运会了，甚至赛前放出了“希望夺金”的豪言壮语。对于奥运会的意义，她依然还是茫然地摇头，说不出所以然。

对于一个13岁的孩子来说，奥运冠军等同于“挂在广东队橱窗里的大照片”，她喜欢“被人崇拜的感觉”，这是奥运会和奥运冠军在那个时候，对她全部的吸引力。全红婵讨人喜欢的地方，正是她的那种纯真，说出的话，经常会出人意料，又让人忍俊不禁，心生怜爱。

只是这个世界常常事与愿违，半决赛和决赛全红婵两次栽在了207C这个动作上，尤其是决赛中。

能肉眼可见地感受到全红婵对于出色完成这个动作的渴望，结果跃起的高度没有控制好，身体打开时失去了定位，整个人斜着砸入水中，这一跳仅得到44.55分，最终，她以389.85分排在了第5名。全红婵像个犯错的孩子，嘟着嘴，隐没在赛场的喧嚣之外。

自此，她和207C这个动作，展开了长达三年之久的“拉锯战”。

“爆冷”的场面没有出现，似乎“黑马”的成色也不再，一切都在按着原来的轨迹，恢复了往日的平静。对于全红婵来说，第一次尝到了“愁”滋味。她在训练中，经常在跟207C的较量中，败下阵来。于是，常常觉得累，感觉越想发力，就越用不上力。每次，当她完成207C，摔进水池中，狼狈地爬上岸后，会在心里重复着

● 2021年东京奥运会选拔赛第二站，全红婵获得第五名。

说自己“很没用”！

可是，队伍并没有放弃这棵好苗子，她在地方队的教练何威仪，作为最了解她的人，一直陪在她身边；而广东跳水负责人吴国村，干脆来到北京，与国家队封闭在一起，作为跳水专家，为全红婵的训练出谋划策；中国跳水队的领队周继红，也时常对她的动作进行提点。

每次跟家里通话诉苦的时候，根本不懂跳水的爸爸和妈妈，只能用家乡的雷州方言无数次地重复着相同的话：“你要坚持，你要加油，你行的！”

全红婵在各方的合力推动下，确实一直在坚持，不停地往前走，只是渐渐地不再怎么想奥运会了，最起码眼前的这届奥运会，她不再提及了。

2021年东京奥运会选拔赛第二站，全红婵在女子10米台比赛中。

# 三战杀疯

或许全红婵真的具备某种“神奇”体质，如同她的行事风格一般，总让人捉摸不透，又带来惊喜。就在圈内普遍认为，她大概率会作为储备人才，着眼于巴黎奥运会时，在5月的2021年全国跳水冠军赛，也是最后一站奥运选拔上，她在上海奥体中心游泳馆再次惊艳了所有人。

← 2021年的全国跳水冠军赛上，全红婵在207C上拿到94.05的高分。

刚刚满14岁的全红婵，格外自信地站在决赛场上，你很难总结是什么成就了她那场决赛时的心态，反正，她一跳比一跳出色，尤其是最怕的207C演绎得几近完美，满分99分的动作，她得到了94.05的高分。

那场比赛，全红

婵可以用“杀疯了”来形容，440.85分的总成绩刷新了她个人单场得分纪录。从某种角度上说，那场决赛，甚至比日后她在东京奥运会决赛上那场震惊世界的表演更为让人赏心悦目。

赛后的全红婵有些小得意，她夸奖了自己，那似乎是她极为罕见的自我肯定。当她自己总结成功的原因时，用了这样的表述：“不一定想着去赢，只要超过之前的自己就行了。”

“440分已经是相当高的分数了，下次还能超过440分的自己吗？”

“那得看下次啊……”

然后便是全红婵标志性的笑声。她的回答很耐人回味，但又不是刻意为之，甚至欢乐中带着朴素的哲理。

放松下来的全红婵，总是能给人松弛感。正是那次在上海的比赛之后，她还贡献了网络上流传很广的“性格梗”。

一位记者向她提问：“你觉得你性格是怎么样一个人呢？”

“谢哥（谢思埸）？”

“性格，不是谢哥，是性格。”

“杏哥是谁啊？”

“性格，就是个性，平常什么风格？”

“个性？我吗？”

“对啊。”

她露出了尴尬又不失礼貌的微笑。或许从那个时候开始，全红婵“搞笑女”的体质，渐渐植入人心。

2021年全国跳水冠军赛，刚满14岁的全红婵以440.85分又一次获得10米台冠军。

控制体重
不能吃…

# 收获门票

只是，这种喜悦而轻松的气氛，在中国跳水队队委会讨论女子10米台单人的奥运参赛阵容时，早已荡然无存。根据三站奥运选拔赛，选取两站最好成绩，折合成积分排序，再结合平时表现，对前四名进行综合评定的规则，评委们对排在第一的全红婵，和并列排在第二的陈芋汐、张家齐，进行着艰难的三选二抉择。

支持和反对全红婵进入最终名单的理由都很充分。支持者认为：全红婵两站高分夺冠，展示了实力，积分远超另两位选手；反对者则表示：全红婵没有任何国际比赛经验，就连国内的正规比赛也只参加了4次，奥运会的复杂性，对于运动员的挑战很高，缺乏经验很难展现出自己真正的实力，有可能让单人项目“双保险”失去意义。

最终，中国跳水队领队周继红力排众议，坚定地选择了全红婵进入奥运会名单。经历起起伏伏，奥运的大门奇迹般地为这个小姑娘打开了。

### 2020年全国跳水冠军赛暨东京奥运会选拔赛第一站(单人)

| 轮次 | 动作代码 | 动作名称 | 得分 |
|---|---|---|---|
| 1 | 107B | 向前翻腾三周半屈体 | 76.5 |
| 2 | 407C | 向内翻腾三周半抱膝 | 89.6 |
| 3 | 207C | 向后翻腾三周半抱膝 | 94.05 |
| 4 | 6243D | 臂立向后翻腾两周转体一周半 | 86.4 |
| 5 | 5253B | 向后翻腾两周半转体一周半屈体 | 91.2 |
| 总 | | 冠军 | 437.75 |

### 2021年东京奥运会选拔赛第二站(单人)

| 轮次 | 动作代码 | 动作名称 | 得分 |
|---|---|---|---|
| 1 | 107B | 向前翻腾三周半屈体 | 76.5 |
| 2 | 407C | 向内翻腾三周半抱膝 | 86.4 |
| 3 | 207C | 向后翻腾三周半抱膝 | 44.55 |
| 4 | 6243D | 臂立向后翻腾两周转体一周半 | 91.2 |
| 5 | 5253B | 向后翻腾两周半转体一周半屈体 | 91.2 |
| 总 | | 第五名 | 389.85 |

### 2021年东京奥运会选拔赛第二站(双人)

| 轮次 | 动作代码 | 动作名称 | 得分 |
|---|---|---|---|
| 1 | 201B | 向后翻腾半周屈体 | 54 |
| 2 | 301B | 反身翻腾半周屈体 | 53.4 |
| 3 | 107B | 向前翻腾三周半屈体 | 77.4 |
| 4 | 407C | 向内翻腾三周半抱膝 | 71.04 |
| 5 | 5253B | 向后翻腾两周半转体一周半屈体 | 77.76 |
| 总 | | 亚军(搭档卢为) | 333.6 |

### 2021年中国跳水明星赛(单人)

| 轮次 | 动作代码 | 动作名称 | 得分 |
|---|---|---|---|
| 1 | 107B | 向前翻腾三周半屈体 | 81 |
| 2 | 407C | 向内翻腾三周半抱膝 | 76.8 |
| 3 | 207C | 向后翻腾三周半抱膝 | 90.75 |
| 4 | 6243D | 臂立向后翻腾两周转体一周半 | 84.8 |
| 5 | 5253B | 向后翻腾两周半转体一周半屈体 | 91.2 |
| 总 | | 亚军 | 424.55 |

### 2021年中国跳水明星赛(双人)

| 轮次 | 动作代码 | 动作名称 | 得分 |
|---|---|---|---|
| 1 | 201B | 向后翻腾半周屈体 | 51 |
| 2 | 301B | 反身翻腾半周屈体 | 55.8 |
| 3 | 107B | 向前翻腾三周半屈体 | 72.9 |
| 4 | 407C | 向内翻腾三周半抱膝 | 64.32 |
| 5 | 5253B | 向后翻腾两周半转体一周半屈体 | 76.8 |
| 总 | | 亚军(搭档卢为) | 320.82 |

### 2021年东京奥运会选拔赛第三站(单人)

| 轮次 | 动作代码 | 动作名称 | 得分 |
|---|---|---|---|
| 1 | 107B | 向前翻腾三周半屈体 | 78 |
| 2 | 407C | 向内翻腾三周半抱膝 | 94.4 |
| 3 | 207C | 向后翻腾三周半抱膝 | 94.05 |
| 4 | 6243D | 臂立向后翻腾两周转体一周半 | 86.4 |
| 5 | 5253B | 向后翻腾两周半转体一周半屈体 | 88 |
| 总 | | 冠军 | 440.85 |

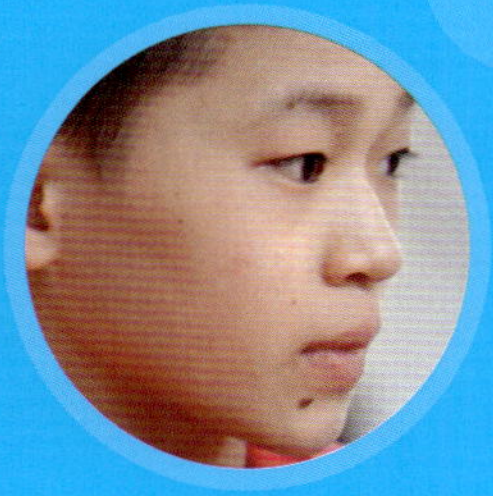

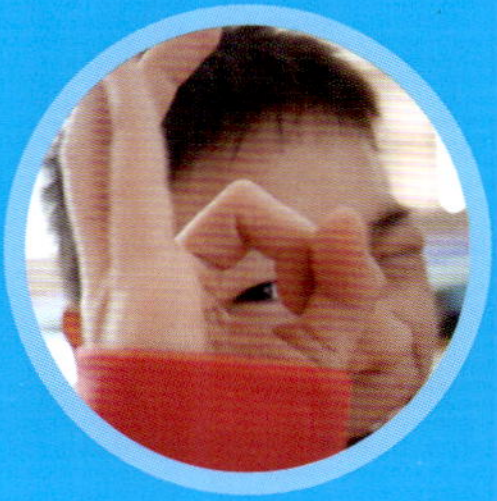

Loading……

# 首战奥运「满分」

这是一场足以载入跳水史册的奥运决赛

全红婵创造了单场最高得分纪录

## 紧张和害怕

跳水队内部宣布奥运会参赛名单是在一个周三晚上的队会上，当全红婵听到自己的名字时，最直接的反应是——紧张，“我都没有出过国，一下子就奥运会了……”接踵而至的感觉便是害怕：“我怕自己跳不好！”

的确，东京奥运会前，全红婵的备战并不顺利，甚至可以用糟糕来形容。

207C越想跳好，却越跳不好，经常身子摔进水里，飞溅起

↑ 2021年东京奥运会上，全红婵摘得跳水10米台金牌。

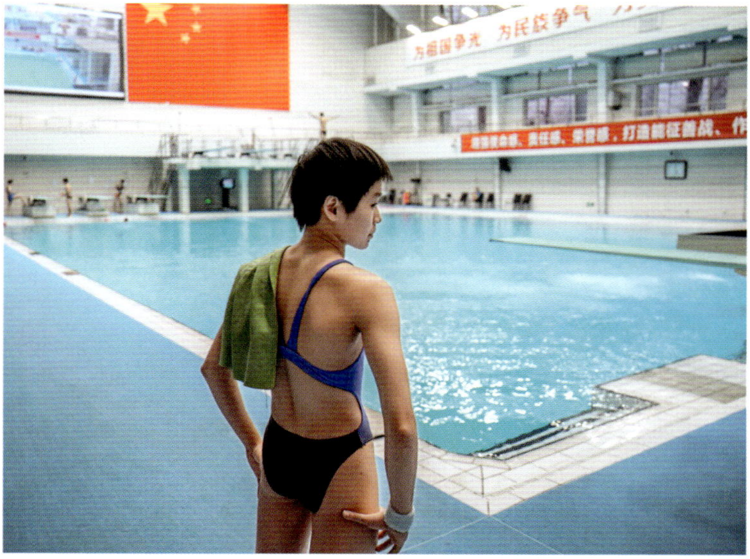

巨大的水花，弄得她心里和眼中都湿漉漉的。训练不理想，5次针对奥运会的队内测验自然也不会有好结果。

后来，连6243D也因为技术不合理，出现了比较严重的问题。刚刚掌握了大半年的动作，其实算是一个新动作，出现反复原本正常，但是在奥运会的节骨眼上，耽误不起。

换手如换刀，中国跳水队不得已将一直带全红婵的何威仪教练调整回省，换成刘犇作为她的临时主管教练，跟她一个组的还有同样是广东省跳台奥运冠军陈艾森。

紧张也好，害怕也罢，全红婵就这样磕磕绊绊地走过了备战奥运的最后两个月。

2021年7月19日，全红婵（左一）随中国跳水队抵达东京成田机场。

Face Shield
TOKYO 2020

# 抵达东京

2021 年 7 月 19 日，东京时间 16 点 52分，全红婵跟随着中国代表团大部队出现在了东京成田机场的到达大厅。

1.4 米刚出头儿的小姑娘在人群中格外显眼，不知道她是不是中国代表团最瘦小的，但是 14 岁零 113 天的年龄，确实创下了东京奥运会中国代表团之最。

不方便出去剪发的全红婵，被教练剃了个比寸头略长些的硬朗发型，像个假小子。推着沉重的行李车，夹在人群中东张西望，第一次出国，在她看来，眼前的一切都格外新鲜。

在维持秩序的志愿者不停催促下，她留下了一句：“我会加油的！”便被裹挟着登上了通往奥运村的大巴。

从那一刻起，全红婵的奥运会之旅算是正式开始了。

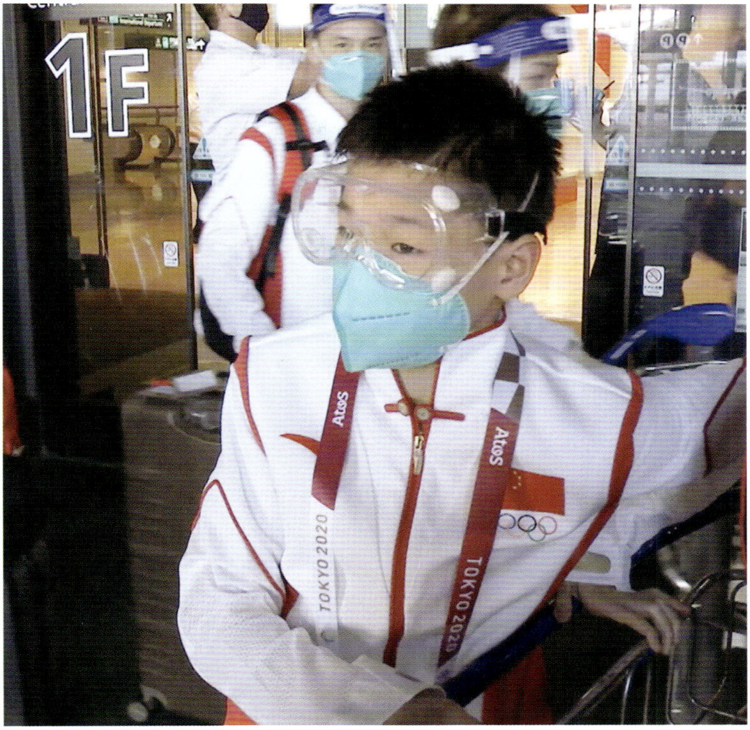


← ↑ 剃了个寸头的全红婵开启了她的奥运之旅。

→ 抵达东京之后的陆上训练，全红婵戴着口罩。

# 赛前哭鼻子

7月23日是东京奥运会开幕的日子，但是中国跳水队选择不参加开幕式，当天上午在比赛场地东京水上运动中心继续进行场地适应训练。虽然开赛在即，但是队伍的训练气氛却相对轻松。只有全红婵，从热身开始，便蜷缩在角落里的垫子上，闷头做着模仿动作。尽管口罩遮住了大半张脸，还是能感受到她的低气压。

直到下水后，才明白她情绪低落的原因——这天训练要轮跳207C。这个动作几乎成了她的心病：比赛必须跳，训练就必须练；也不是没有能力跳好，可完成起来，不是这儿有问题，就是那儿出状况，摔一下还特别疼。越跳不好，就越害怕。于是，她干脆站在跳台上哭了起来。

教练刘犇也心疼，可是在国家荣誉面前，无法退让。

最终，全红婵还是完成了这堂难忘的奥运训练课，尽管质量难言上乘，但是或许意义巨大。

后来网络上，针对这个场景，曝光过一段对话——

“今天哭，是因为害怕了，还是因为头疼呀？”

全红婵有些尴尬地笑着回答：“头疼。”

她的教练刘犇，狡黠地揭露她：“既害怕，也头疼。”

“怕……（有）一点点吧。”

← 在东京奥运会赛场训练的全红婵似乎心情不错。

↓ 全红婵在进行陆上训练。

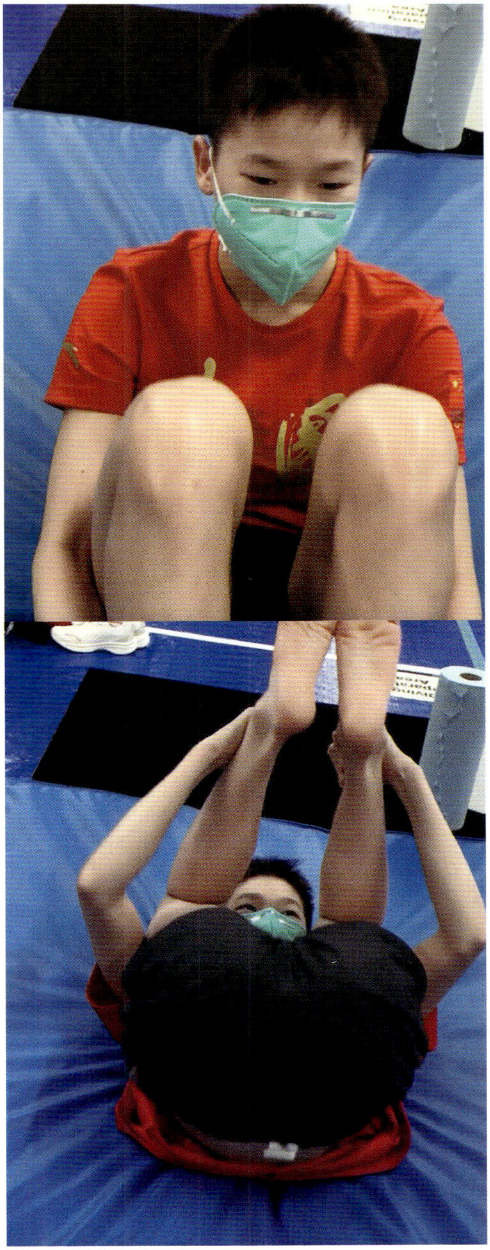

“怕什么呀？”

全红婵不假思索地回答：“怕摔呀！”

宫崎骏曾经说过：总有一次哭泣，让人瞬间长大。不知道对于全红婵来说，她对于奥运真正的认知是否始于这次“哭鼻子”。

东京奥运会女子 10 米台预赛，全红婵排名第二晋级。

# 预赛207C跳砸了

接下来的日子，对于全红婵来说有些单调，每天坐在看台上见证着师兄和师姐们披金挂银，然后在比赛间隙，按照组织者规定的时间，见缝插针地进行训练，剩下大部分时间只能窝在奥运村条件简陋的公寓里，摆弄手机。为了防止意外影响比赛，她们在奥运村里只能餐厅和公寓两点一线。可是很多时候，房间里连Wi-Fi都连不上。

这样的日子过了整整12天，当中国跳水队的金牌累积到第五枚的时候，全红婵终于熬到登场了。

然而，奥运会首秀，与想象的却相去甚远。

说实话，预赛只要大差不差，完成晋级，争取在半决赛中有个好位次即可。所谓的“差”，是有经验的运动员合理分配体力，将最好的状态用在更重要的决赛，大都不会跳出很高的分数。

但是像全红婵预赛207C跳出的47.85分，只能用“跳砸了”来概括。虽然排名第二晋级，但是364.45分的总成绩，与她的真实水平相去甚远。

↑→ 东京奥运会女子10米台预赛，全红婵207C跳砸了，只拿到47.85分。

# 促膝长谈

其实进入赛区后，每天全红婵什么时间训练、练习什么、量有多少，作为领队的周继红都是亲自把关，和主管教练刘犇一点一滴抠出来的。教练团队要做的就是为队员保驾护航，出了问题，显然谁心里都不好过。

当天晚上，领队找到全红婵，小姑娘本以为会是一场疾风骤雨的批评，毕竟“跳得太差了”。没想到周继红却耐心地给她分析了失误的原因，并且强调了两组动作的要领以及调节紧张情绪的方法。最后，还温柔地嘱咐她：要早点睡。

少年的心性或许就是如此：直来直去，不会陷入多思迷惘的困顿中。

当周继红还在考虑第二天决赛的应对之策而辗转难眠时，全红婵这一夜却睡得格外香。

第二天的故事，已经天下皆知了。

东京奥运会女子10米台决赛，全红婵在比赛中。

TOKYO 2020

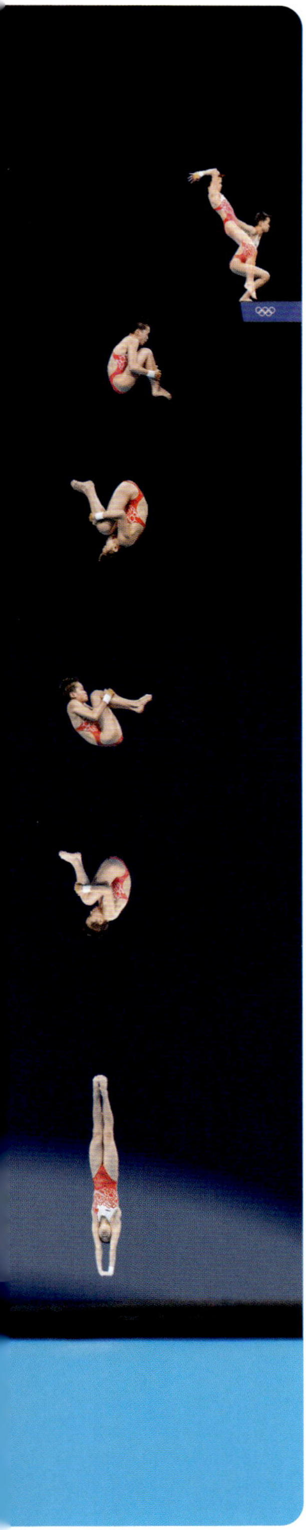

# 决赛完美的207C

以半决赛第一的名次闯入决赛，全红婵出现在决赛中，仿佛有了脱胎换骨的改变，或者说，她的“神奇”体质，帮助她激发出了身体里那个野性又强大的“我”，她仿佛重新回到了两个月前，上海选拔赛时的那个高台上。

第一跳107B，满分90分，她得到了82.50分，执裁的7位裁判，有一位为她亮出了10分；

第二跳407C，满分96分，所有裁判都为她亮出了10分，出现了第一个满分动作。

然后，令她惧怕的，又让所有人担心的207C来了。

登台之前，刘犇攥紧了拳头，给她加油打气，而周继红则只跟她说了三个字“放轻松”。站在高高的跳台上，全红婵努力调整着呼吸，脑海中，一遍遍过着动作。然后，走向跳台边缘，沉着地转身，举起双臂，她没有过多犹豫，果断地高高跃起，准确地定位，自信地打开，漂亮地入水，动作一气呵成，身体直直地插入了水中。

207C，满分99分，她得到了95.70分，有三位裁判为她亮出了10分。这是她两个多月以来，207C演绎得最出色的一次，恰巧出现在了奥运会决赛上。

- 东京奥运会女子10米台决赛，全红婵完美演绎207C，三位裁判打出10分，最终拿到95.70分。

完美到炸裂

东京奥运会，全红婵入水的刹那被相机定格。

# 创纪录的466.20分

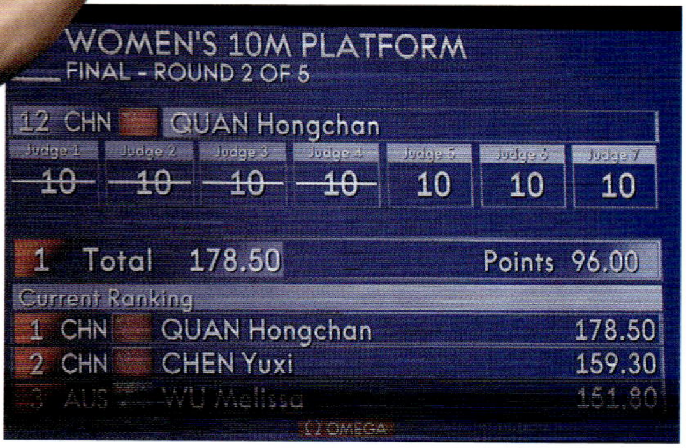

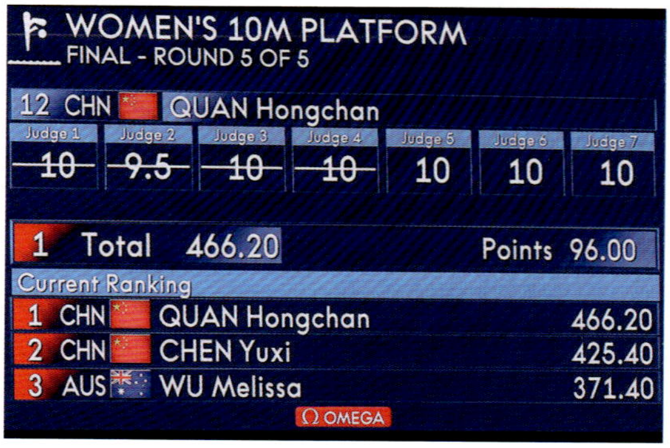


全红婵悬着的心瞬间放了下来，后面的两个动作，再也不会为她通向冠军制造任何障碍。6243D和5253B满分都是96分，她用轻盈优美的姿态和无懈可击的入水，征服了所有裁判。其实最后一跳，她笔直地插入水中时，腿并没有完全夹紧，水面上涌出了一个大泡泡，但似乎只有一个裁判在意这个小瑕疵，给她打了9.5分，其他6名裁判或许已经被这场精彩绝伦的表演点燃了激情，依然慷慨地给出了满分。

分数出来的时候，刘犇把只有35千克的全红婵高高地举起，全红婵说“弄得她胳肢窝生疼”，而她耳朵里充盈着看台上中国的队员、教练和工作人员震天的呼喊声——“红姐”。

这套动作满分是477分，而全红婵的总成绩为466.20分，如果换算成百分制，达到了惊人的98分。这是一场足以载入跳水史册的奥运决赛。全红婵不是奥运史上年龄最小的女子跳台冠军，但却创造了单场最高的得分纪录。

出道不足一年，全红婵没有经历太多的磨难，小姑娘显然不会用泪水去诠释奥运金牌的意义，她尴尬又不失礼貌地不停握手，或者拥抱，接受着现场所有人的祝福。

14岁零130天的全红婵成为奥运冠军。

东京奥运会，全红婵空中翻腾的优美瞬间。

东京奥运会女子10米台决赛，全红婵完成最后一跳 5253B，7 位裁判中有6位打出10分的满分。

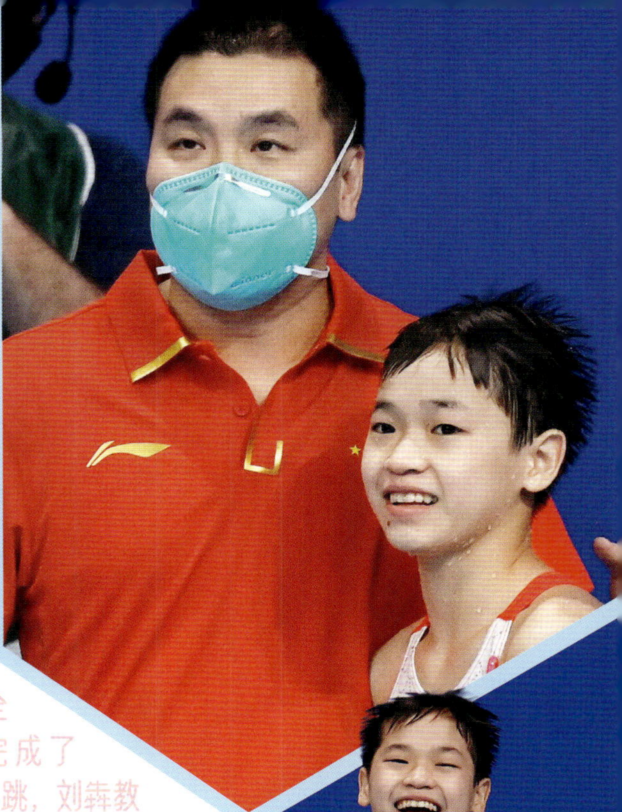

全红婵完成了决赛最后一跳，刘犇教练向她表示祝贺，并且一起等待着最后的分数。当看到全红婵以破纪录的466.20分夺得冠军，站在身边的刘犇兴奋地一把举起了全红婵，并且还晃了几下。

TOKYO 2020

← 中国跳水队的教练团队向夺冠的全红婵表示祝贺。

红姐是奥运冠军
TOKYO 2020

TOKYO 2020

全红婵（右）和陈芋汐包揽东京奥运会女子10米台冠亚军，颁奖完毕后她俩举起国旗庆祝。

TOKYO 2020

# 夺冠后的新闻发布会上谈及家人

全红婵："我的妈妈生病了，我不知道她得了什么病，我只想赚钱给她治病，因为家里需要很多钱才能治好她的病。"

**2021年东京奥运会(单人)**

| 轮次 | 动作代码 | 动作名称 | 得分 |
|---|---|---|---|
| 1 | 107B | 向前翻腾三周半屈体 | 82.5 |
| 2 | 407C | 向内翻腾三周半抱膝 | 96 |
| 3 | 207C | 向后翻腾三周半抱膝 | 95.7 |
| 4 | 6243D | 臂立向后翻腾两周转体一周半 | 96 |
| 5 | 5253B | 向后翻腾两周半转体一周半屈体 | 96 |
| 总 |  | 冠军 | 466.2 |

# Part 3 称霸全运

全红婵奥运一战成名
迅速成为中国体坛的顶流

## “好日子”和“苦日子”

东京奥运会女子10米台跳水决赛解说时，央视跳水评论员张萌萌调侃道：“下饺子都比她的水花大。”于是，被网友创造性地引用，并发明了跳水专用新名词：“水花消失术”。

拥有这项新技术的“天才少女”，已经在网络上热度爆

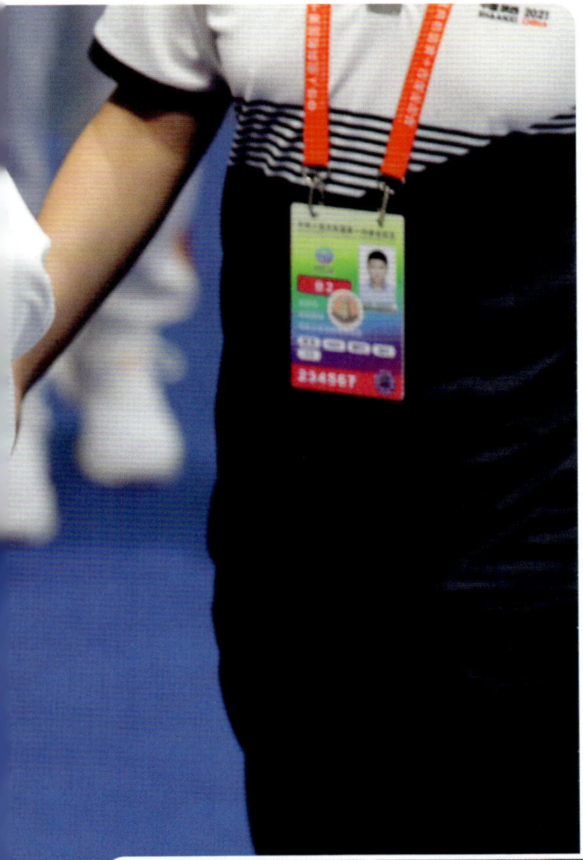

← 2021年全运会女子10米台颁奖之后，夺冠的全红婵向观众比心。

↓ 第14届全运会开幕式上，身穿裙子+红色上装的全红婵走在广东代表团最前沿，十分亮眼。

表，但是在东京她还是需要老老实实地训练。紧接着要完成全运会的比赛任务，所有结束奥运比赛的国手们，每天都需要利用主办方提供的有限训练时间，老老实实地下水，进行状态保持，当然训练量无法与奥运前相提并论。

“红姐”依然还是队里的团宠。直播时，她会躲在张家齐和陈芋汐的身后撒娇；在现场为男子跳台的队友当啦啦队的时候，她也会叫得格外卖力；时而，她会扎到张家齐的怀里，或者干脆跳到陈芋汐的背上，和小伙伴们闹做一团；就连“跳水女皇”郭晶晶，也近水楼台地追着她要求合影。

“好日子”才过了三天，她便迎来了难熬的“苦日子”。从境外归来，所有人都必须接受隔离，对于典型的“e人”全红婵来说，独处一个房间，24小时无人陪伴，让她很不自在。每天除了完成教练线上布置的力量训练，只能靠和亲人朋友视频以及疯狂地刷手机度日，她甚至开始渴望训练和比赛的日子，好在全运会接踵而至。

← 2021年全运会，全红婵的第一跳107B拿下81分。

→ 2021年全运会女子10米台决赛夺冠后，全红婵与队医魏东凌相拥而庆。

# 乘胜追击

东京奥运会落幕不到一个月，中华人民共和国第十四届运动会跳水比赛，在西安奥体中心游泳馆又战火重燃。

2021年9月6日，在首日女子团体的争夺中，全红婵携手广东队的队友，毫无争议地斩获了冠军，这是广东队时隔20年，再次站上全运会跳水女子团体最高领奖台。仅仅一个多月的时间，“神奇”的女孩儿，便拥有了跳水界最难比的两项赛事冠军头衔。

当然，所有人对于她的期待远不止

← 首次征战全运会的全红婵，既紧张又兴奋。

→ 2021 年全运会女子 10 米台决赛，全红婵凭借最后两跳的出色发挥逆转夺冠。

团体冠军，包括全红婵自己。她已经连续两年获得全国冠军赛女子10米台的头名，乘胜追击正当时。

一周后，女子10米台的决赛如期上演，“神仙打架”是外界给这场比赛的定义。细想想，虽然有些俗气，但似乎也确实找不到更为贴切的说法。12个人的参赛阵容，包括了四位奥运冠军、两位世界冠军、两位全国冠军，这在任何项目的任何比赛中，的确都非常罕见。

由于207C的失误，第三轮过后，全红婵曾经短暂地退居到排行榜第三位，但是经历过奥运洗礼，全红婵已经有了难能可贵的大赛经验以及更多底气。凭借最后两轮的出色发挥，最终她以419.25分逆转夺冠。

← 2021年全运会女子10米台决赛，全红婵在比赛中。

→ 第14届全运会跳水女子10米台颁奖仪式，全红婵和教练何威仪(右)一起站上冠军领奖台。

中国陕西 2021
SHAANXI CHINA
中华人民共和国第十四届运动会
THE 14TH GAMES OF THE PEOPLE'S REPUBLIC OF CHINA

# 手足无措和惜字如金

女子10米台决赛，二层看台几乎坐满了观众，各路媒体也是长枪短炮守候在赛场各个角落，据说那场比赛的媒体人数直逼300人，这让媒体看台的Wi-Fi信号都比往日差了不少。

全红婵夺冠后，媒体聚集在混采区，人头攒动，早已准备好了各种问题。可是，全红婵跟着教练何威仪边走边鞠躬，迅速通过了混采区，“因为运动员要换衣服参加颁奖仪式，时间很紧，之后的发布会见！”何威仪对媒体记者们表达了歉意。

发布会上，媒体终于等到了全红婵回答问题的机会。但是，不知道为何，在跳台上越来越自如的小姑娘，却在媒体面前变得越来越手足无措。

或许她怕在巨大的流量面前说错话，或许被周围的人告诫要谨慎表达，真正的原因无从考证，总之她突然变得惜字如金。在被问及夺冠的心情时，全红婵在教练的提示下，礼貌地取下口罩，只说了一句话：“很开心能站上最高领奖台，谢谢！”引得台下一片善意的笑声，自己的

↑ 夺得全运会女子10米台冠军后，全红婵开心地接受央视记者的采访。

脸也莫名红了起来。

第二个问题是关于全运会后的计划。问得简单，全红婵回答起来更是言简意赅："也没什么想法，继续努力，好好训练，谢谢！"然后，发布会戛然而止，没有人能获取更多关于她征战全运会的信息。

结束了全运会征战，9月17日，全红婵终于回到了湛江老家。将近一年没有见到亲人和朋友，老乡们给予了她最高的礼遇。在她的家乡粤西一年中最重要的节日是年例，但是，乡亲们把迎接全红婵回家的氛围搞得比年例还要热闹。并不富裕的全家，摆了几桌好酒好菜招待乡邻，忙碌着，也幸福着……

全红婵的妈妈回忆："那年我们自家的橙子园大丰收，又甜又大，坠得树枝都快断了！"

↑ 2021年全运会跳水女子团体赛，全红婵在比赛中。

← 2021年全运会，全红婵场边观战为队友加油呐喊。

记者：怎么看待观众对你的关注?

全红婵：也不是很喜欢很多人关注，就感觉心里面不太踏实，总感觉如果自己跳不好，（你们）就不太喜欢我了，就感觉我必须跳好的样子。

## 2021年全运会(女团)

| 轮次 | 动作代码 | 动作名称 | 得分 |
|---|---|---|---|
| 1 | 107B | 向前翻腾三周半屈体 | 82.5 |
| 2 | 407C | 向内翻腾三周半抱膝 | 94.4 |
| 3 | 207C | 向后翻腾三周半抱膝 | 59.4 |
| 4 | 6243D | 臂立向后翻腾两周转体一周半 | 86.4 |
| 5 | 5253B | 向后翻腾两周半转体一周半屈体 | 91.2 |
| 总 | | 广东队以2320.97分夺冠 | 413.9 |

广东女队夺得第14届全运会跳水女团冠军，颁奖仪式上全红婵(右三)与队友向观众挥手致意。

**2021年全运会(单人)**

| 轮次 | 动作代码 | 动作名称 | 得分 |
|---|---|---|---|
| 1 | 107B | 向前翻腾三周半屈体 | 81 |
| 2 | 407C | 向内翻腾三周半抱膝 | 80 |
| 3 | 207C | 向后翻腾三周半抱膝 | 74.25 |
| 4 | 6243D | 臂立向后翻腾两周转体一周半 | 92.8 |
| 5 | 5253B | 向后翻腾两周半转体一周半屈体 | 91.2 |
| 总 | | 冠军 | 419.25 |

# Part 4 备战巴黎

巴黎周期伊始便出现了两个变化
对全红婵日后的训练和比赛
产生重大影响

## 换教练和新搭档

2021年10月底，中国跳水队新一届国家集训队重新集结，全红婵顺理成章地入选，开始了巴黎周期的备战。

刚刚开始集训，便出现了两个变化，对她日后的训练和比赛产生重大影响：

其一，由陈若琳担任全红婵的主管教练。

在国家队历练了将近两年，陈若琳从助理教练提升为主管教练，开始独立管理队员训练和指挥比赛。刚刚转型，就接手一位关注度如此之高的选手，陈若琳"完全出乎意料"，并且"心理压力有点大"。领队周继红找陈若琳谈心，希望她用自己的成功经验，帮助全红婵少走弯路。

确实，作为教练中年龄与全红婵最为接近的人，陈若琳最有可能与全红婵的想法同频。而女台出身，对于同项目的全

跳台的翘楚，手握6枚奥运金牌，正式合体了。

其二，全红婵与陈芋汐正式组成双人搭档。

队委会关于陈芋汐和张家齐拆对，改为与全红婵配合的意见倒是非常统一。一个是全红婵正值当打之年，也有了一定的比赛经历，而张家齐的年龄，到了巴黎奥运会已经过了20岁，很难保持巅峰状态。更为关键的是，张家齐由于身体发育，导致5253B这个动作，出现了难以纠正的技术问题。作为女子双人组合，这个动作是3个自选动作中，最合理的选择之一。5253B出现不稳定因素，无疑是在拿比赛结果进行赌博。

就这样，2021年11月，14岁的全红婵，站在了16岁的陈芋汐身边，组成了女子双人10米台的全新组合。

红婵来说，也能感同身受。最为关键的是，奥运五金加身，在成绩和气质上，都能够让全红婵信服，毕竟全红婵已经进入青春期，开始有了叛逆的想法。

就这样两代女子

→ 2021年10月，陈若琳成为全红婵在国家队的主管教练。

巴黎奥运周期伊始，全红婵和陈芋汐(左)正式组成双人搭档。

全红婵和陈芋汐在嬉笑中完成队内日常训练科目。

# 给207C纠偏

↑ 相机抓拍到全红婵在水中吐泡泡。

↓ 陈若琳教练在帮全红婵按摩背部。

能力越大，责任越大，压力自然也越大。全红婵开始了兼项的训练生活。

每天的日子除了不断打磨自己单人的那5个动作，还需要拿出时间与陈芋汐进行双人的配合，培养默契。而她自己的207C还存在隐患，并没有完全解决。

在领队周继红的主导下，全红婵对207C做起了手术。由于全红婵原来的起跳存在技术上的不合理，导致后面一系列动作容易出现偏差。于是，从根源上纠偏，就变得迫在眉睫。可是，动作一旦定型，哪那么容易说改就改。好在那个阶段，整个队伍还处在封闭状态，没有太多外部的干扰，也没有比赛影响节奏，每天周继红和陈若琳就是带着全红婵从头开始，一点一滴地改变。

周继红的职衔虽然是领队，但其实干的是主教练的活儿，本来就是跳水奥运冠军出身，因此算得上是业务干部，再加上一直在跳水的前沿，她对于最新技术

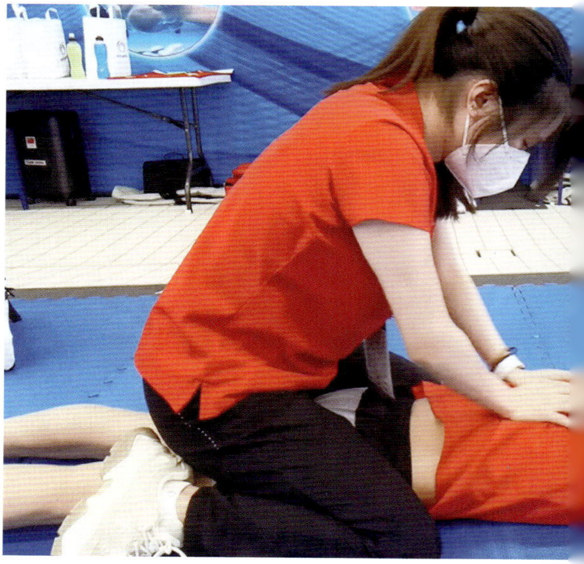

和每个人的特点了如指掌。刚刚集结的国家集训队队员接近30个人，老的老小的小，每个阶段都有不同的问题需要解决，她不会把精力都花在一个人身上。

不过，那一阵的主要矛盾就是全红婵的207C，只要是轮跳207C的日子，周继红都会把注意力集中到全红婵身上，手把手地和陈若琳一起对全红婵进行指导。

← 全红婵绑着吊绳进行日常的陆上练习。

↓ 全红婵在进行手臂力量训练。

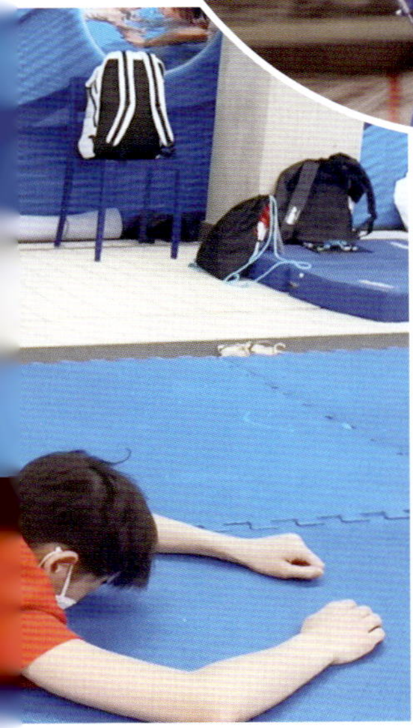

2022年6月

# 世锦赛

布达佩斯

## 单人憾负0.3分

然而现实往往就是喜欢和人开玩笑。

布达佩斯时间2022年6月28日，世锦赛女子10米台决赛率先进行。东京奥运会后，全红婵已经成为中国体坛如日中天的明星级选手，只要有她出现的地方，就有狂热的粉丝。即便在异国他乡，观众席里也随处可见写着全红婵名字的支持横幅和应援牌。大家翘首以待在现场见证“水花消失术”。

就在观众还在被她前两跳的绝技点燃激情时，她的撒手锏在207C面前，再度失灵了。

第一次在正式比赛中，运用修改后的技术，让她原本就底气不足。再加上转换场地，到了一个陌生的环境，从训练局的小馆到多瑙河水上运动中心开阔的场地，空间感也出现了偏差。即便站在跳台上，她努力在“起跳之前一直想着技术要领”，但还是将池水砸出了巨大的浪花。

有效分一个6.5分，两个6分，成绩

↑ 2022年游泳世锦赛跳水女子10米台，陈芋汐、全红婵(左)分获冠亚军，马来西亚选手潘德莉拉·帕姆格(右)获得铜牌。

仅仅是61.05分。

尽管最后两跳，她顽强追赶，最终还是以0.3分的微弱劣势屈居亚军。

奥运会前，全红婵准备得并不理想，却在最关键的场次发挥出了极致的水准。而布达佩斯世锦赛刚好相反，准备得非常充分，在临门一脚时，却出现了闪失。15岁的全红婵第一次感受到竞技体育的残酷。

Yakult
QUAN
#FINABudapest2022

BUDAPEST 2022
Fina
WATER IS OUR WORLD
BUDAPEST 2022
Fina
WATER IS OUR WORLD

2022年游泳世锦赛，全红婵以0.3分的微弱劣势屈居单人赛亚军。

# 临时出战 好运相伴

所谓“失之东隅，收之桑榆”，具有锦鲤体质的全红婵似乎总有“幸运”相伴。

6月30日，全红婵携手白钰鸣在混合全能的比赛中登场亮相，这让很多人不明所以，毕竟报名和赛前准备都是张家齐和白钰鸣。

原来比赛前，张家齐高烧不退，混合全能决赛不得不临时进行人员调整。

事发突然，全红婵在比赛当天才得到通知，要临时顶替张家齐出赛。天不怕地

← 全红婵/白钰鸣夺得2022年游泳世锦赛跳水混合全能冠军，法国组合吉莱(左一)/让达尔(左二)摘得银牌，英国组合斯彭多利尼·西里埃(右二)/希特利(右一)获得季军。

↓ 水下摄影机抓拍到全红婵入水后的画面。

不怕的全红婵，心里却犯了嘀咕。她不仅要演绎并不擅长的跳板动作，更要根据整体编排，在跳板上完成5231D，这可是她两年多没有碰过的动作，“动作虽然是规定动作，并不难，但就是害怕”。

变阵仓促，留给全红婵的准备时间，只剩下了赛前的热身，仅仅在跳板上练习了两遍5231D，便开始了决赛的争夺。队伍也没指望他们一定要夺冠，只要顺利比完，能登上领奖台就算完成任务了。

磕磕绊绊的两个人演绎了所有动作，尤其是全红婵做完5231D这个让她胆颤的动作。出水后，她吐着舌头，端着肩膀，一副劫后余生的表情，让人忍俊不禁。两个人391.40分的

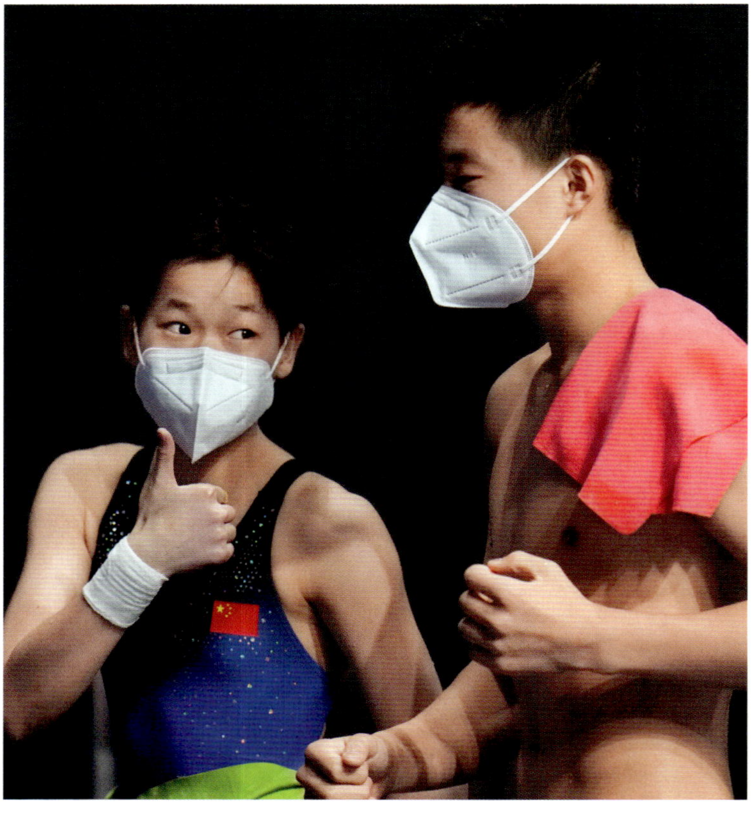

2022年游泳世锦赛混合全能比赛，全红婵临时顶替张家齐登场。

总成绩算不上优异，但是在对手失误频频的情况下，15岁零3个月的全红婵和15岁零5个月的白钰鸣这对最年轻的组合，成为中国跳水队在世锦赛上第100金的获得者。

100是个厚重的数字，历经40年，这个具有划时代意义的冠军头衔，充满波折又无比幸运地落在了全红婵的头上。

全红婵/白钰鸣夺得了游泳世锦赛中国跳水队的第100枚金牌。

# 两金到手

第二天，全红婵携手陈芋汐第三度出现在布达佩斯世锦赛的决赛中，双人10米台两个人是第一次在大赛中亮相，不过她们凭借出众的实力，轻松站上了冠军领奖台，赢了第二名美国组合达到69分之多。

全红婵阴差阳错地实现了自己两枚世锦赛金牌的心愿。

能感觉得出来，全红婵“很享受”比赛的氛围，她喜欢在大家的加油声中完成动作，更喜欢粉丝对她投放的热情。网络上，有这样一段视频流传甚广：

颁奖结束，她满足着粉丝们的签名和握手的要求，一位女粉丝声嘶力竭地喊道：“全红婵，我是‘搞笑女’。”

她不假思索地回应：“我喜欢‘搞笑女’，我也是‘搞笑女’。”

自此，全红婵的“搞笑”体质也被实锤了。

事后回忆，她记得特意摘下自己花束上的一朵，送给了举着她名牌的粉丝。

“为什么不把整束花都送给粉丝？”

“因为她写错了我的名字！”随即便是她魔性的笑声……

→ 2022年游泳世锦赛女子双人10米台颁奖后，全红婵和陈芋汐受到众多粉丝的追捧。

Fina
ATER IS OUR WO
CHINA

记者：单人、双人项目有什么不一样？

全红婵：“没什么区别，也没有很紧张，就是旁边多了一人。”

↑ 2022年游泳世锦赛，全红婵(右)和陈芋汐获得搭档以来的首个双人赛冠军。

← 2022年游泳世锦赛，全红婵入水瞬间，手掌撑开水面。

↓ 2022年游泳世锦赛，全红婵完成动作后，在水中宛如精灵。

2022年游泳世锦赛跳水女子双人10米台，全红婵和陈芋汐(左)以领先第二名69分的巨大优势，轻松夺冠。

## 2022年游泳世锦赛(单人)

| 轮次 | 动作代码 | 动作名称 | 得分 |
|---|---|---|---|
| 1 | 107B | 向前翻腾三周半屈体 | 85.5 |
| 2 | 407C | 向内翻腾三周半抱膝 | 91.2 |
| 3 | 207C | 向后翻腾三周半抱膝 | 61.05 |
| 4 | 6243D | 臂立向后翻腾两周转体一周半 | 91.2 |
| 5 | 5253B | 向后翻腾两周半转体一周半屈体 | 88 |
| 总 | | 亚军 | 416.95 |

## 2022年游泳世锦赛混合全能

| 轮次 | 动作代码 | 动作名称 | 得分 |
|---|---|---|---|
| 1 | 405C* | 向内翻腾两周半抱膝 | 63.45 |
| 2 | 207C | 向后翻腾三周半抱膝 | 64.35 |
| 3 | 103B | 向前翻腾一周半屈体 | 37.6 |
| 4 | 6243D* | 臂立向后翻腾两周转体一周半 | 88 |
| 5 | 5231D* | 向后翻腾一周半转体半周 | 47 |
| 6 | 307C | 反身翻腾三周半抱膝 | 81.6 |
| 总 | | 冠军(搭档白钰鸣) | 382 |

注：*为全红婵所跳

## 2022年游泳世锦赛(双人)

| 轮次 | 动作代码 | 动作名称 | 得分 |
|---|---|---|---|
| 1 | 201B | 向后翻腾半周屈体 | 55.2 |
| 2 | 301B | 反身翻腾半周屈体 | 56.4 |
| 3 | 107B | 向前翻腾三周半屈体 | 79.2 |
| 4 | 407C | 向内翻腾三周半抱膝 | 88.32 |
| 5 | 5253B | 向后翻腾两周半转体一周半屈体 | 89.28 |
| 总 | | 冠军(搭档陈芋汐) | 368.4 |

2022年10月

# 世界杯

柏林

2022年跳水世界杯柏林站女子10米台决赛，全红婵在比赛中。

→ 2022年跳水世界杯柏林站，全红婵以430.45分获得女子10米台亚军。

FU SPRING
DIVING WORLD CUP
BERLIN
2022

← 站在淋浴喷头下面，全红婵(右)调皮地看向镜头，露出微笑。

→ ↓ 2022年跳水世界杯柏林站，不同于以往，全红婵(右)和陈芋汐是在两个跳台上完成的双人比赛。

2022年跳水世界杯柏林站(单人)

| 轮次 | 动作代码 | 动作名称 | 得分 |
| --- | --- | --- | --- |
| 1 | 107B | 向前翻腾三周半屈体 | 90 |
| 2 | 407C | 向内翻腾三周半抱膝 | 83.2 |
| 3 | 6243D | 臂立向后翻腾两周转体一周半 | 81.6 |
| 4 | 207C | 向后翻腾三周半抱膝 | 94.05 |
| 5 | 5253B | 向后翻腾两周半转体一周半屈体 | 81.6 |
| 总 | | 亚军 | 430.45 |

全力以赴
破茧成蝶
全红婵
Quan
Hong
Chan

# 全红婵

Quan Hong Chan

## 全力以赴 破茧成蝶

从东京到巴黎
她是最年轻的奥运三金王
也是中国体育的骄傲

2022年跳水世界杯柏林站，全红婵和陈芋汐(右)以349.8分获得女子双人10米台冠军。

**2022年跳水世界杯柏林站(双人)**

| 轮次 | 动作代码 | 动作名称 | 得分 |
| --- | --- | --- | --- |
| 1 | 201B | 向后翻腾半周屈体 | 53.4 |
| 2 | 301B | 反身翻腾半周屈体 | 54 |
| 3 | 107B | 向前翻腾三周半屈体 | 79.2 |
| 4 | 407C | 向内翻腾三周半抱膝 | 76.8 |
| 5 | 5253B | 向后翻腾两周半转体一周半屈体 | 86.4 |
| 总 | | 冠军(搭档陈芋汐) | 349.8 |

# 发育期控制体重

日子过得飞快，快到我们还没有抓住就已经成了过去。

赛场的喧嚣之外，只有看不到尽头的重复训练。全红婵早已进入旺盛的身体发育期，这是所有女子跳台选手都要直面的棘手难题。

对于身高的增长只能顺其自然，但是体重则必须加以控制。除了科学饮食，训练上则必须上手段。常常可以看到全红婵在闷热的力量训练房里，穿着厚重的捂汗服，挥汗如雨。“三从一大”是师徒俩不变的训练方针，而体重秤上的数字则会影响她们的训练心情。

在陈若琳的精心调教下，全红婵的207C技术已经越来越成熟，在训练中的成功率也非常高，常常一个动作“欻”（拟声词，声chua，跳水界模拟干净利索、没有水花溅起的口头

**全红婵谈发育期的烦恼**

有时候因为体重涨了，自己整个下午就会心情不好，就想跳动作的时候会不会跳不好，会不会挨骂。有时候也会想，今天要是练不好会怎样，今天又是207C了。

语）下去，引得国家队训练场上的满堂喝彩。而她们也将动作的编排进行了调整，将207C从第三个动作，推后到了第四个，以期为自己赢得更多的心理优势。

← 2023 年全国跳水冠军赛，镜头抓拍到全红婵入水瞬间。

→ 2023 年全国跳水冠军赛，全红婵在女子 10 米台比赛中。

# 207C，过不去的坎？

16 岁的全红婵带着十足的自信迎来了人生中第二次奥运选拔。

首站全国跳水冠军赛的争夺恰好又在上海。

两年前，在上海奥体中心游泳馆她曾经跳出过一套堪比奥运决赛水准的动作，奠定了自己的地位，也为自己最终争取到了首战奥运会的资格。

体验过奥运的神奇，也清楚地知晓了“奥运”究竟是什么，全红婵已经开始有了更多的胜负心。带着自己的好状态，在自己的福地，她非常渴望证明自己。

预赛和半决赛，全红婵均顺利地以第一名的身份晋级。

决赛前三轮，她发挥自如，高水准的演绎也得到了裁判们的青睐，领先第二名 11.40 分，迎来了自己第四跳的 207C。

“没有把自己的水平发挥出来吧，就感觉挺遗憾。就感觉自己老是差那么一点点，总是不够完美。过就过了嘛，下一场咱们赢回来。”

站在跳台上的全红婵眼神坚定，脑海中不断重复着动作要领，她希望在世人面前再现自己训练时，那一遍遍“欻”下去的场景。这是一个无法通过助跑借力的动作，于是，她用尽力量，高高地跃起，开始了207C。

但恰恰临场的兴奋让她的起跳超越了往日的高度，导致后面一系列动作完成都与平日里的训练位置产生了偏差，最终，身体打开的时机过早，惯性导致入水前，身体被甩离了垂直角度，跳水界通俗的说法就是“跳过了”。

巨大的水花飞溅起来，起水后的全红婵一脸无辜与茫然，眼泪借着满脸的水珠打掩护，在她的眼睛里若隐若现。她不理解凭什么自己如此努力地训练这个动作，还是换来这样一个结果。

2023年全国跳水冠军赛颁奖仪式前，陈芋汐(后)安慰哭红了眼睛的全红婵。

# 第一次流下伤心泪

坚持着高水平跳完了最后一个动作5253B，她以405.85分的总成绩再次排在了第二位。

比赛刚一结束，眼泪就不争气地流了下来，伤心、委屈、不甘心……

她努力控制着自己的情绪，红着眼圈完成了颁奖仪式。走下领奖台抬头便看到了谢思埸向她招手，还没有等师兄开口安慰，全红婵便一头扎到谢思埸怀里，大哭起来。

媒体就在身边，因此她并没有号啕，

但是情之所至，全红婵几乎撒娇般扭动着身体，用肢体动作极尽发泄着自己的情绪。

事后，她不好意思地回忆道：“我不记得以前因为跳水哭过没有，但是那次绝对是哭得最狠的一次，而且肯定是唯一一次在媒体面前哭。我真控制不住，连鼻涕都蹭在谢哥衣服上了……”

擦干眼泪，全红婵肿着眼睛接受了采访：“我在比赛中太兴奋了，节奏有点乱，翻得快了一点。”她其实在尽情宣泄之后，已经自己找到了失利的根源，“下次比赛我要控制好节

奏，不要过于兴奋。其实现在做这个动作信心是有的，但感觉还是有点放不开，没有把平时训练的水平发挥出来。”

有过初出茅庐的经验欠缺，也有过技术改造的步履维艰，终归这次还是倒在了急于求成的心态失衡上。每个成功运动员都会经历各种各样的磨难，对于跳水生涯过于顺利的“神奇”少女，生活总归要为她补上一课又一课，代价就是一次又一次的重击，每次阵痛之后的再出发，才是成长。

2023年全国跳水冠军赛，全红婵(右)和陈芋汐的赛前准备动作和比赛时一样都是那么整齐划一。

2023年全国跳水冠军赛，全红婵/陈芋汐(右三)获得女子双人10米台冠军，张家齐(左一)/掌敏洁(左二)获得亚军，王伟莹(右二)/许楠(右一)获得季军。

**2023年全国跳水冠军赛(单人)**

| 轮次 | 动作代码 | 动作名称 | 得分 |
|---|---|---|---|
| 1 | 107B | 向前翻腾三周半屈体 | 81 |
| 2 | 407C | 向内翻腾三周半抱膝 | 94.4 |
| 3 | 6243D | 臂立向后翻腾两周转体一周半 | 86.4 |
| 4 | 207C | 向后翻腾三周半抱膝 | 54.45 |
| 5 | 5253B | 向后翻腾两周半转体一周半屈体 | 89.6 |
| 总 | | 亚军 | 405.85 |

**2023年全国跳水冠军赛(双人)**

| 轮次 | 动作代码 | 动作名称 | 得分 |
|---|---|---|---|
| 1 | 201B | 向后翻腾半周屈体 | 53.4 |
| 2 | 301B | 反身翻腾半周屈体 | 54 |
| 3 | 107B | 向前翻腾三周半屈体 | 82.8 |
| 4 | 407C | 向内翻腾三周半抱膝 | 86.4 |
| 5 | 5253B | 向后翻腾两周半转体一周半屈体 | 85.44 |
| 总 | | 冠军(搭档陈芋汐) | 362.04 |

2023年4月

# 世界杯

西安

- 2023年跳水世界杯西安站，全红婵在207C上出现小失误，获得亚军。

2023 年跳水世界杯西安站，全红婵获得女子 10 米台亚军。

2023年跳水世界杯西安站女子双人比赛，相机罕见地捕捉到全红婵(右)在动作中睁着眼睛。

↑ 2023年跳水世界杯西安站，全红婵（右）/陈芋汐获得女子双人10米台冠军。

← 2023年跳水世界杯西安站，全红婵（右）和陈芋汐在女子双人10米台比赛中。

**2023年跳水世界杯西安站（单人）**

| 轮次 | 动作代码 | 动作名称 | 得分 |
|---|---|---|---|
| 1 | 107B | 向前翻腾三周半屈体 | 87 |
| 2 | 407C | 向内翻腾三周半抱膝 | 83.2 |
| 3 | 6243D | 臂立向后翻腾两周转体一周半 | 92.8 |
| 4 | 207C | 向后翻腾三周半抱膝 | 69.3 |
| 5 | 5253B | 向后翻腾两周半转体一周半屈体 | 91.2 |
| 总 | | 亚军 | 423.5 |

**2023年跳水世界杯西安站（双人）**

| 轮次 | 动作代码 | 动作名称 | 得分 |
|---|---|---|---|
| 1 | 201B | 向后翻腾半周屈体 | 55.2 |
| 2 | 301B | 反身翻腾半周屈体 | 55.8 |
| 3 | 107B | 向前翻腾三周半屈体 | 84.6 |
| 4 | 407C | 向内翻腾三周半抱膝 | 86.4 |
| 5 | 5253B | 向后翻腾两周半转体一周半屈体 | 91.2 |
| 总 | | 冠军（搭档陈芋汐） | 373.2 |

2023年5月

# 世界杯

蒙特利尔

← 2023年跳水世界杯蒙特利尔站，全红婵获得女子10米台冠军。

→ 2023年跳水世界杯蒙特利尔站，全红婵207C拿到99分的满分。

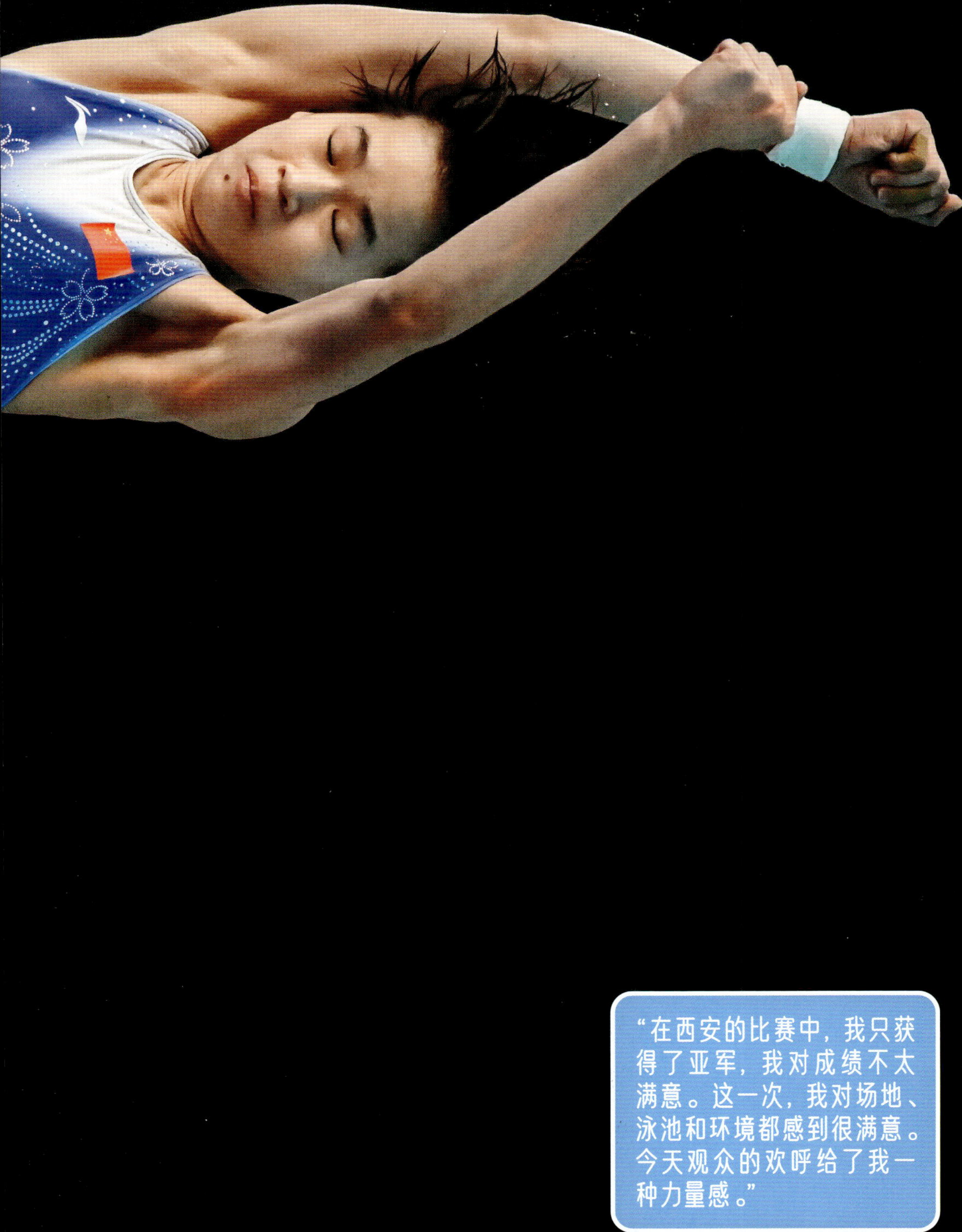

“在西安的比赛中，我只获得了亚军，我对成绩不太满意。这一次，我对场地、泳池和环境都感到很满意。今天观众的欢呼给了我一种力量感。”

农夫山泉

- 2023年跳水世界杯蒙特利尔站，全红婵和陈芋汐在女子双人10米台比赛中。

**2023年跳水世界杯蒙特利尔站(单人)**

| 轮次 | 动作代码 | 动作名称 | 得分 |
|---|---|---|---|
| 1 | 107B | 向前翻腾三周半屈体 | 84 |
| 2 | 407C | 向内翻腾三周半抱膝 | 96 |
| 3 | 6243D | 臂立向后翻腾两周转体一周半 | 88 |
| 4 | 207C | 向后翻腾三周半抱膝 | 99 |
| 5 | 5253B | 向后翻腾两周半转体一周半屈体 | 91.2 |
| 总 | | 冠军 | 458.2 |

2023年跳水世界杯蒙特利尔站，全红婵（左）/陈芋汐获得女子双人10米台冠军。

**2023年跳水世界杯蒙特利尔站(双人)**

| 轮次 | 动作代码 | 动作名称 | 得分 |
|---|---|---|---|
| 1 | 201B | 向后翻腾半周屈体 | 58.2 |
| 2 | 301B | 反身翻腾半周屈体 | 57 |
| 3 | 107B | 向前翻腾三周半屈体 | 81 |
| 4 | 407C | 向内翻腾三周半抱膝 | 91.2 |
| 5 | 5253B | 向后翻腾两周半转体一周半屈体 | 91.2 |
| 总 | | 冠军(搭档陈芋汐) | 378.6 |

2023年7月

世锦赛

福冈

# 棋逢对手

在三个多月后的日本福冈世锦赛上，还有一堂成长中更重要的课程在等着她，那就是——对手。

福冈世锦赛算起来，是全红婵参加的第二届世锦赛，也是她的第四次世界大赛。羽翼渐渐丰满，技术日臻成熟。到了赛区，各种客观的不利因素也迅速进行了适应，比赛的进程异常顺利。

7月16日，全红婵先是携手陈芋汐以369.84分的组合得分纪录摘下了双人金牌。

三天后，两个人

又联手为世界奉献了一场难得一见的巅峰对决。

就连领队周继红在赛后都不禁感慨："这是非常精彩的一场比赛，我认为她们都超越了自己，值得用'完美'来形容。"

全红婵拿到445.60分，名次依然是第二，但是她展现出了东京奥运会之后最好的一套动作，尤其是长时间困扰她的207C，更是被7位裁判一致认可，7个10分，得到了那届世锦赛上唯一的满分动作。

然而，在赛场上，你永远不是独立存在的。

18岁的陈芋汐，尽管因为感冒身体不适，但是在全红婵好状态的带动与激发

↑ 2023年游泳世锦赛，全红婵获得女子10米台亚军。

→ 2023年游泳世锦赛，全红婵在准备阶段回想动作要领。

下，爆发出了身体中的惊人能量，超水平跳出了457.85分的成绩。

跳水这个项目看似平静，毫无对抗，但是它有意思的地方在于：即便你做好了自己，但是无法预料并抑制对手的发挥。你只能做到不停压榨自己，无限趋近于物理意义上的完美，然后等待命运的宣判或者垂青。

棋逢对手，对于观众来说无疑是幸事，但对于当事人来说则尤为残酷。

那场比赛结束后，全红婵并没有哭，而是微笑着夸自己"跳得挺棒"，尤其是"207C"，这次只是"407C差了那么一点点"。她说："回去一定继续努力，下次站上最高领奖台的争取

← 2023年游泳世锦赛，全红婵最后一跳5253B转体瞬间。

→ 2023年游泳世锦赛，全红婵完成107B的空中翻腾。

是自己。”

问她为什么嗓子哑了，她不好意思地回答：“刚刚给乐乐姐（陈芋汐的小名）加油，喊得太卖力了。”

颁奖仪式上，嘉宾稀里糊涂地将金牌挂到了全红婵的脖子上，等反应过来，迅速将金牌摘下来，换成了银牌，惊得全红婵手上的吉祥物直接掉在了地上。

有全红婵的地方总会有欢乐。

WORLD AQUATICS

WORLD
AQUATICS

2023年游泳世锦赛女子10米台预赛，全红婵做6243D的准备动作。

记者：拿到银牌有没有感到一点难过和遗憾？

全红婵：确实有一点。

记者：有没有哭？

全红婵：没哭啊，怎么能说我哭呢？（双手捂脸大笑）

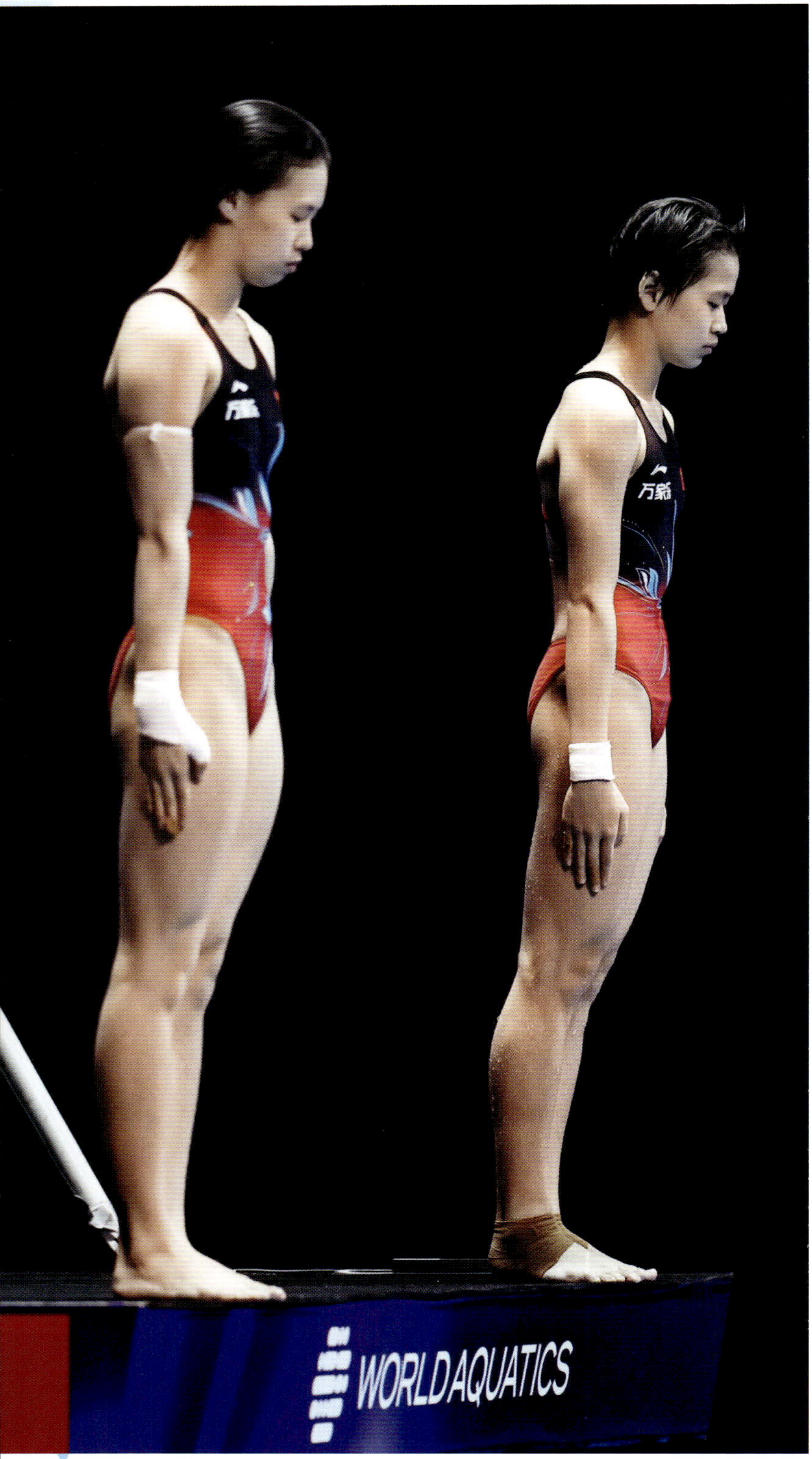


← 2023年游泳世锦赛女子双人10米台决赛，全红婵（右）和陈芋汐在比赛中。

WORLD

WORLD AQUATICS

2023年游泳世锦赛，全红婵(右)和陈芋汐展示整齐划一的默契度。

2023年游泳世锦赛，全红婵(右)和陈芋汐用完美的表演征服裁判，夺得双人10米台冠军。

↑ 2023年游泳世锦赛女子双人10米台决赛，全红婵（右）和陈芋汐301B起跳腾空瞬间。

← 夺得2023年游泳世锦赛女子双人10米台冠军后，全红婵（右）和陈芋汐向观众挥手致意。

↗ 2023年游泳世锦赛，全红婵（右）/陈芋汐获得女子双人10米台冠军。

**2023年游泳世锦赛(单人)**

| 轮次 | 动作代码 | 动作名称 | 得分 |
|---|---|---|---|
| 1 | 107B | 向前翻腾三周半屈体 | 81 |
| 2 | 407C | 向内翻腾三周半抱膝 | 83.2 |
| 3 | 6243D | 臂立向后翻腾两周转体一周半 | 91.2 |
| 4 | 207C | 向后翻腾三周半抱膝 | 99 |
| 5 | 5253B | 向后翻腾两周半转体一周半屈体 | 91.2 |
| 总 | | 亚军 | 445.6 |

**2023年游泳世锦赛(双人)**

| 轮次 | 动作代码 | 动作名称 | 得分 |
|---|---|---|---|
| 1 | 201B | 向后翻腾半周屈体 | 56.4 |
| 2 | 301B | 反身翻腾半周屈体 | 57.6 |
| 3 | 107B | 向前翻腾三周半屈体 | 79.2 |
| 4 | 407C | 向内翻腾三周半抱膝 | 85.44 |
| 5 | 5253B | 向后翻腾两周半转体一周半屈体 | 91.2 |
| 总 | | 冠军(搭档陈芋汐) | 369.84 |

2023年8月

# 世界杯总决赛

柏林

← 2023年跳水世界杯总决赛，全红婵最后一跳5253B的空中转体瞬间。

→ 2023年跳水世界杯总决赛，全红婵在207C上出现波动。

↓ 2023年跳水世界杯总决赛，全红婵（右）笑着和搭档陈芋汐拥抱在一起。

2023年跳水世界杯总决赛，全红婵笔直入水的瞬间。

↑ 2023年跳水世界杯总决赛，全红婵5253B起跳转体瞬间。

→ 获得亚军的全红婵站在颁奖台上向观众致意。

2023年跳水世界杯总决赛，全红婵(右)和陈芋汐空中动作完美同步。

2023年跳水世界杯总决赛，全红婵(近端)和陈芋汐同步入水瞬间。

农夫山泉
NONGFU SPRING
WORLD AQUATICS

2023年跳水世界杯总决赛，全红婵(右)和陈芋汐在女子双人10米台比赛中。

WORLD AQUATICS
SPORTS METROPOLIS
MCKAY
MILLER
SPENDOLINI
SIRIEIX
BERLIN 2023
OMEGA
WORLD AQUATICS

↑ 2023年跳水世界杯总决赛，全红婵（右）/陈芋汐获得女子双人10米台冠军。

← 全红婵（左下）和陈芋汐（右下）夺得2023年跳水世界杯总决赛女子双人10米台冠军，亚军为加拿大组合凯特·米勒（左二）/凯丽·麦凯（左一），英国组合斯彭多利尼·西里埃（右一）/希特利（右二）获得季军。

**2023年跳水世界杯总决赛（单人）**

| 轮次 | 动作代码 | 动作名称 | 得分 |
|---|---|---|---|
| 1 | 107B | 向前翻腾三周半屈体 | 78 |
| 2 | 407C | 向内翻腾三周半抱膝 | 91.2 |
| 3 | 6243D | 臂立向后翻腾两周转体一周半 | 83.2 |
| 4 | 207C | 向后翻腾三周半抱膝 | 69.3 |
| 5 | 5253B | 向后翻腾两周半转体一周半屈体 | 86.4 |
| 总 | | 亚军 | 408.1 |

**2023年跳水世界杯总决赛（双人）**

| 轮次 | 动作代码 | 动作名称 | 得分 |
|---|---|---|---|
| 1 | 201B | 向后翻腾半周屈体 | 54.6 |
| 2 | 301B | 反身翻腾半周屈体 | 53.4 |
| 3 | 107B | 向前翻腾三周半屈体 | 81 |
| 4 | 407C | 向内翻腾三周半抱膝 | 88.32 |
| 5 | 5253B | 向后翻腾两周半转体一周半屈体 | 85.44 |
| 总 | | 冠军（搭档陈芋汐） | 362.76 |

备战巴黎周期

# 2023 特训

国内

## 天赋+苦练，铸就自信

平时日常训练中苦中作乐，嘻嘻哈哈的玩笑，充分展现着全红婵的自信。而这些自信，除了天赋，更源于全红婵和队友们日复一日的艰苦训练，泪水与汗水，才能换来喜悦与胜利。

CHINA

2023年8月，中国跳水队来到西安，进行了为期10天的军训。军训进行了单人队列动作、班排队列动作、阅兵等队列训练课目和拳术训练，以及内务整理等。凭借出色的表现，全红婵获得了这次军训“优秀军训标兵”的称号。

国跳水队

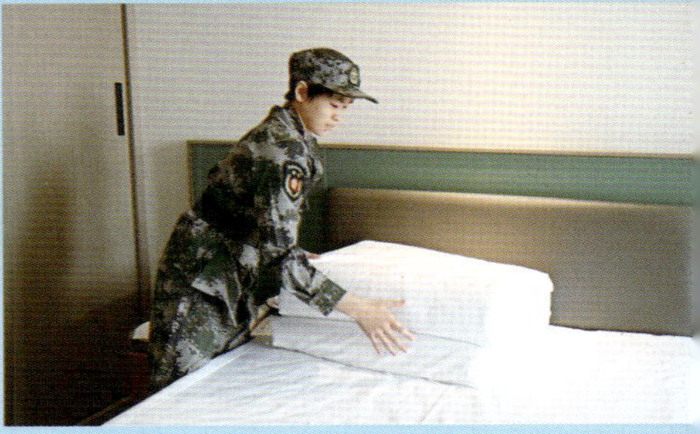
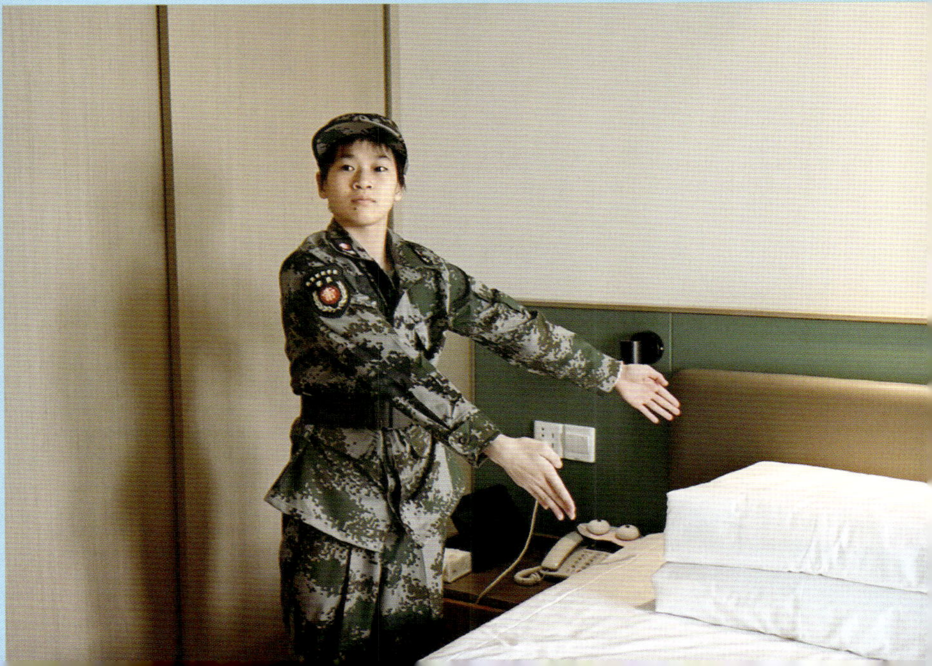

2023年9月

亚运会

杭州

# 亚运首秀

自从生活逐渐恢复正轨，赛事变得越来越密集，福冈世锦赛刚刚结束，杭州亚运会又迫在眉睫。不过，陈若琳通过对全红婵两年多的执教，发现了一个规律：一旦全红婵在大赛中207C表现惊艳，回到国家队这个动作便“跟不会跳了一样”，从10分的水准，迅速滑落到三四分的完成质量。

身体像台极为复杂的机器，但受意识支配的人，又不像机器般，按下按键就能按照标准化操作

执行。你琢磨不透哪里出了问题，也不可能都总结出问题的原因，总之就是很玄学。

福冈世锦赛全红婵207C的满分动作，让师徒二人在备战亚运会时，好似一切又被归零，不得不从一塌糊涂，到渐渐稳定，再到逐步提升，一点一滴地重新打磨。

两个多月的时间，不多也不少，没有达到最好的状态，但是又足以藏拙。总之，在杭州奥体中心游泳馆的决赛中，全红婵的207C又出现了节奏上的紊乱，75.90的得分谈不上致命，但是领先的优势，又在这一轮后荡然无存，还被陈芋汐反超了5.45分。

最后一跳5253B，全红婵的有效分必须全部在9.5分以上，并且至少有

← 杭州亚运会女子10米台决赛，全红婵在比赛中。

一个10分，才有可能夺冠。

好在关键时刻，她再度演绎出了“水花消失术”，3个9.5分，4个10分，最终以438.20分的好成绩上演了逆转好戏。陈若琳终于长长地舒了口气。

现场观众的情绪被点燃了，持续不断的欢呼声，在她颁奖结束绕场向观众致意的时候，达到了高潮。无数玩偶雨点般被抛进场内，恍惚间以为到了花样滑冰谢幕的现场。殊不知，这是属于跳水比赛，全红婵独有的加戏。

有心的粉丝，特意为她准备了钟爱的卡通乌龟奥乐米拉“家族”，大大小小的串成一串。全红婵简直爱不释手，斜挎在肩膀上，蹦蹦跳跳地冲进了新闻发布会现场。她阐述自己喜欢奥乐米拉的原因时，只说了简短的几个字“又丑又萌”。

大家都说我是天才，其实我更多是努力，我只是认真对待每一次训练，拿到金牌和训练跳得好，都挺快乐的。我跳好了，教练开心，我也开心！

杭州亚运会，全红婵凭借最后一跳5253B的完美发挥，逆转夺冠。

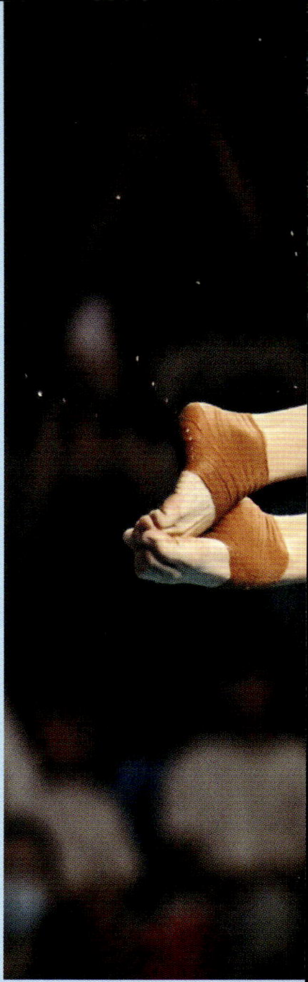

↑ 杭州亚运会女子10米台决赛，全红婵在比赛中。

← 杭州亚运会全红婵夺得女子10米台冠军，她将观众和粉丝赠送的众多小乌龟玩偶挂在身上。

← 全红婵(右)和陈芋汐身着中国队亚运团服，显得格外英姿飒爽。

↓ → ↘ 杭州亚运会女子双人10米台决赛，全红婵和陈芋汐在比赛中。

zh
第19届亚运会

杭州亚运会，全红婵（右）和陈芋汐在10米台双人赛中展示完美的同步性。

杭州亚运会10米台双人赛中，陈芋汐入水比全红婵(右)稍快那么一点点。

### 2023年杭州亚运会(单人)

| 轮次 | 动作代码 | 动作名称 | 得分 |
|---|---|---|---|
| 1 | 107B | 向前翻腾三周半屈体 | 85.5 |
| 2 | 407C | 向内翻腾三周半抱膝 | 96 |
| 3 | 6243D | 臂立向后翻腾两周转体一周半 | 86.4 |
| 4 | 207C | 向后翻腾三周半抱膝 | 75.9 |
| 5 | 5253B | 向后翻腾两周半转体一周半屈体 | 94.4 |
| 总 | | 冠军 | 438.2 |

↖ 杭州亚运会10米台双人赛中，全红婵(右)和陈芋汐笔直入水的瞬间。

↑ 杭州亚运会，全红婵(左)/陈芋汐夺得女子双人10米台冠军。

2023年杭州亚运会(双人)

| 轮次 | 动作代码 | 动作名称 | 得分 |
|---|---|---|---|
| 1 | 201B | 向后翻腾半周屈体 | 55.8 |
| 2 | 301B | 反身翻腾半周屈体 | 58.2 |
| 3 | 107B | 向前翻腾三周半屈体 | 83.7 |
| 4 | 407C | 向内翻腾三周半抱膝 | 88.32 |
| 5 | 5253B | 向后翻腾两周半转体一周半屈体 | 89.28 |
| 总 | | 冠军(搭档陈芋汐) | 375.3 |

2023年11月

# 全国锦标赛

武汉

2023年全国跳水锦标赛也是巴黎奥运会、多哈世锦赛选拔赛，全红婵以427.6分获得10米台亚军。

万家乐

2023年全国跳水锦标赛颁奖仪式后，全红婵腋下还夹着粉丝送的玩偶。

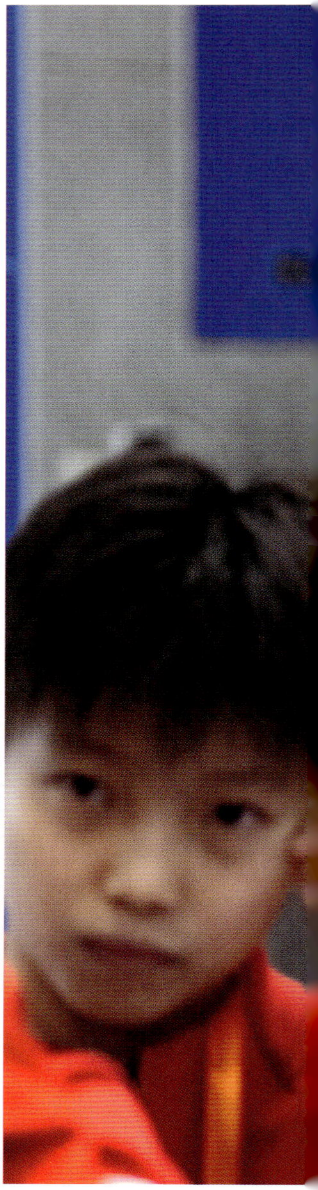

↑ 2023年全国跳水锦标赛，全红婵(左二)/陈芋汐(左三)获得女子双人10米台冠军。

← 2023年全国跳水锦标赛女子双人10米台决赛，全红婵(右)和陈芋汐在比赛中。

**2023年全国跳水锦标赛(单人)**

| 轮次 | 动作代码 | 动作名称 | 得分 |
|---|---|---|---|
| 1 | 107B | 向前翻腾三周半屈体 | 81 |
| 2 | 407C | 向内翻腾三周半抱膝 | 88 |
| 3 | 6243D | 臂立向后翻腾两周转体一周半 | 81.6 |
| 4 | 207C | 向后翻腾三周半抱膝 | 85.8 |
| 5 | 5253B | 向后翻腾两周半转体一周半屈体 | 91.2 |
| 总 | | 亚军 | 427.6 |

**2023年全国跳水锦标赛(双人)**

| 轮次 | 动作代码 | 动作名称 | 得分 |
|---|---|---|---|
| 1 | 201B | 向后翻腾半周屈体 | 58.8 |
| 2 | 301B | 反身翻腾半周屈体 | 57.6 |
| 3 | 107B | 向前翻腾三周半屈体 | 69.3 |
| 4 | 407C | 向内翻腾三周半抱膝 | 86.4 |
| 5 | 5253B | 向后翻腾两周半转体一周半屈体 | 82.56 |
| 总 | | 冠军(搭档陈芋汐) | 354.66 |

2023年12月

# 多哈世锦赛选拔赛

武汉

多哈世锦赛选拔赛(第二站)，全红婵获得10米台亚军。

万家乐
泳运动管理中心
CHINA

← 多哈世锦赛跳水项目选拔赛（第二站），赛前运动员介绍时，全红婵向观众致意。

↓ 多哈世锦赛跳水项目选拔赛（第二站），全红婵获得女子10米台亚军，拿着粉丝送的玩偶她笑得非常开心。

记者：连续两场输给队友，该如何提升竞争力？
全红婵：这次的起跳和打开都有一些问题，回去先把训练做好，也要防止伤病，最后还要加强力量训练。

多哈世锦赛选拔赛（第二站）女子双人10米台决赛，全红婵（右）和陈芋汐动作完美，轻松夺冠。

2023年多哈世锦赛选拔赛（单人）

| 轮次 | 动作代码 | 动作名称 | 得分 |
|---|---|---|---|
| 1 | 107B | 向前翻腾三周半屈体 | 82.5 |
| 2 | 407C | 向内翻腾三周半抱膝 | 67.2 |
| 3 | 6243D | 臂立向后翻腾两周转体一周半 | 81.6 |
| 4 | 207C | 向后翻腾三周半抱膝 | 95.7 |
| 5 | 5253B | 向后翻腾两周半转体一周半屈体 | 88 |
| 总 | | 亚军 | 415 |

↑ 多哈世锦赛跳水项目选拔赛（第二站），获得双人10米台冠军的全红婵/陈芋汐与亚军掌敏洁（左二）/张家齐（左一）、季军李蕊汐（右二）/卢为（右一）共同比心。

**2023年多哈世锦赛选拔赛(双人)**

| 轮次 | 动作代码 | 动作名称 | 得分 |
| --- | --- | --- | --- |
| 1 | 201B | 向后翻腾半周屈体 | 56.4 |
| 2 | 301B | 反身翻腾半周屈体 | 57.6 |
| 3 | 107B | 向前翻腾三周半屈体 | 81 |
| 4 | 407C | 向内翻腾三周半抱膝 | 78.72 |
| 5 | 5253B | 向后翻腾两周半转体一周半屈体 | 88.32 |
| 总 | | 冠军(搭档陈芋汐) | 362.04 |

2024年2月

世锦赛

多哈

# 圆梦世锦赛

时间过得飞快，在完成国内第二站奥运选拔后，便进入了2024年，也是至为关键的奥运年。

跳水项目的开年大戏便是多哈世锦赛，也被定为中国跳水的最后一站奥运选拔。

第三次征战世锦赛的全红婵，刚刚走进多哈的哈马德水上运动中心，就被来了个下马威。

特殊的地理位置，使得主办方不得不将比赛定在了全年温度最低的时候举办。即便如此，全年少雨，室外日照充足，体感依旧很热。于是，按照当地的习俗，体育馆里空调风力强劲，照顾长袍加身的当地人。在冷风长时间吹拂下，加之没有打开跳水池的加热系统，池水的温度也就是20摄氏度出头。而场馆里，配套的热水按摩池、热水喷淋等设施根本难觅踪影。

这对于体脂率极低，且比赛装备极简

的全红婵来说简直是炼狱。第一天适应性训练，她是颤抖着完成的。随即队伍去当地超市购置了一批最大号的水桶以及热水袋，训练前打满热水，每一跳下来用毛巾蘸着热水涂抹身体，感受些热乎气儿，训练间隙就抱着热水袋，防止抽筋。而身材瘦小的全红婵则体现出了优势，她可以坐到热水桶中，感受下最简陋的“热水按摩”。

或许恶劣的条件反而能激发出强大的斗志，全红婵在赛前就表示：“我觉得这次自己没那么紧张了！”她还神秘地说：“我来这儿以后，207（训练）全都跳直了。”

果然，在多哈时间2024年2月5日的决赛中，全红婵一骑绝尘，尤其是207C的表现几乎无可挑剔，她赢得了4个10分、3个9.5分，

← 2024年游泳世锦赛，全红婵107B空中翻腾瞬间。

WORLD

97.35分的成绩接近了满分。央视评论员张萌萌毫不吝啬自己的夸赞，激动地喊着：“这几乎是教科书般的动作。”

最后的比赛成绩出来后，陈若琳和全红婵紧紧地抱在一起，她们的眼里闪着光。这或许是生活，给全红婵上的最后一课——人定胜天。再恶劣的环境，只有征服了，才能心想事成。所幸这一次不是以失利为代价，是一个甜蜜的结尾。

三战世锦赛，全红婵终于圆梦。

根据巴黎奥运会的选拔规则，三站选拔赛取两站最好成绩，全红婵和陈芋汐并列排在第一。

她再度叩开了奥运的大门。

第三次出战世锦赛，全红婵终于拿下10米台单人冠军。

2024年游泳世锦赛女子10米台决赛，全红婵5253B空中转体瞬间。

DOHA 2024

↑ 2024年游泳世锦赛，全红婵(右)获得女子10米台冠军，陈芋汐获得亚军。

2024年游泳世锦赛，全红婵(右)和陈芋汐完成了女子双人10米台三连冠。

2024年游泳世锦赛女子双人10米台决赛，全红婵(右)和陈芋汐在比赛中。

## 2024年游泳世锦赛(单人)

| 轮次 | 动作代码 | 动作名称 | 得分 |
|---|---|---|---|
| 1 | 107B | 向前翻腾三周半屈体 | 76.5 |
| 2 | 407C | 向内翻腾三周半抱膝 | 91.2 |
| 3 | 6243D | 臂立向后翻腾两周转体一周半 | 84.8 |
| 4 | 207C | 向后翻腾三周半抱膝 | 97.35 |
| 5 | 5253B | 向后翻腾两周半转体一周半屈体 | 86.4 |
| 总 | | 冠军 | 436.25 |

2024年游泳世锦赛，全红婵(左)/陈芋汐获得女子双人10米台冠军。

## 2024年游泳世锦赛(双人)

| 轮次 | 动作代码 | 动作名称 | 得分 |
|---|---|---|---|
| 1 | 201B | 向后翻腾半周屈体 | 57.6 |
| 2 | 301B | 反身翻腾半周屈体 | 54.6 |
| 3 | 107B | 向前翻腾三周半屈体 | 80.1 |
| 4 | 407C | 向内翻腾三周半抱膝 | 82.56 |
| 5 | 5253B | 向后翻腾两周半转体一周半屈体 | 87.36 |
| 总 | | 冠军(搭档陈芋汐) | 362.22 |

DOHA 2024
万家乐
Yakult
CHEN
WORLD AQUATICS
Doha 2024 الدوحة
Yakul
QU
WORLDA

2024年2月

# 世界杯

蒙特利尔

2024年跳水世界杯蒙特利尔站，全红婵最后一跳5253B上演“水花消失术”，三位裁判都打出了10分。

↑ 2024 年跳水世界杯蒙特利尔站，全红婵获得女子 10 米台亚军。

← 2024 年跳水世界杯蒙特利尔站女子 10 米台决赛，全红婵在比赛中。

2024年跳水世界杯蒙特利尔站女子双人10米台决赛，全红婵（右）和陈芋汐在比赛中。

**2024年跳水世界杯蒙特利尔站(单人)**

| 轮次 | 动作代码 | 动作名称 | 得分 |
|---|---|---|---|
| 1 | 107B | 向前翻腾三周半屈体 | 79.5 |
| 2 | 407C | 向内翻腾三周半抱膝 | 80 |
| 3 | 6243D | 臂立向后翻腾两周转体一周半 | 81.6 |
| 4 | 207C | 向后翻腾三周半抱膝 | 77.55 |
| 5 | 5253B | 向后翻腾两周半转体一周半屈体 | 92.8 |
| 总 | | 亚军 | 411.45 |

↑ 2024年跳水世界杯蒙特利尔站，全红婵(右)/陈芋汐获得女子双人10米台冠军。

**2024年跳水世界杯蒙特利尔站(双人)**

| 轮次 | 动作代码 | 动作名称 | 得分 |
|---|---|---|---|
| 1 | 201B | 向后翻腾半周屈体 | 57 |
| 2 | 301B | 反身翻腾半周屈体 | 58.8 |
| 3 | 107B | 向前翻腾三周半屈体 | 78.3 |
| 4 | 407C | 向内翻腾三周半抱膝 | 84.48 |
| 5 | 5253B | 向后翻腾两周半转体一周半屈体 | 90.24 |
| 总 | 冠军(搭档陈芋汐) | | 368.82 |

2024年3月

# 世界杯

柏林

全红婵第四跳207C一气呵成，表现接近完美，7位裁判中有6位打出了10分，只有一位裁判打出9.5分，最终获得99分的满分。

2024年跳水世界杯柏林站女子10米台决赛，全红婵在比赛中。

↑ 颁奖仪式结束后，亚军斯彭多利尼抱起全红婵合影。

→ 2024 年跳水世界杯柏林站，全红婵获得女子 10 米台冠军，亚军为英国选手斯彭多利尼 · 西里埃(左)，加拿大选手麦凯(右)摘得铜牌。

| 2024年跳水世界杯柏林站(单人) | | | |
|---|---|---|---|
| 轮次 | 动作代码 | 动作名称 | 得分 |
| 1 | 107B | 向前翻腾三周半屈体 | 81 |
| 2 | 407C | 向内翻腾三周半抱膝 | 80 |
| 3 | 6243D | 臂立向后翻腾两周转体一周半 | 86.4 |
| 4 | 207C | 向后翻腾三周半抱膝 | 99 |
| 5 | 5253B | 向后翻腾两周半转体一周半屈体 | 86.4 |
| 总 | 冠军 | | 432.8 |

2024年4月

# 世界杯总决赛

西安

2024年跳水世界杯总决赛是巴黎奥运会前最后一次正式比赛，全红婵获得10米台亚军。

WORLD

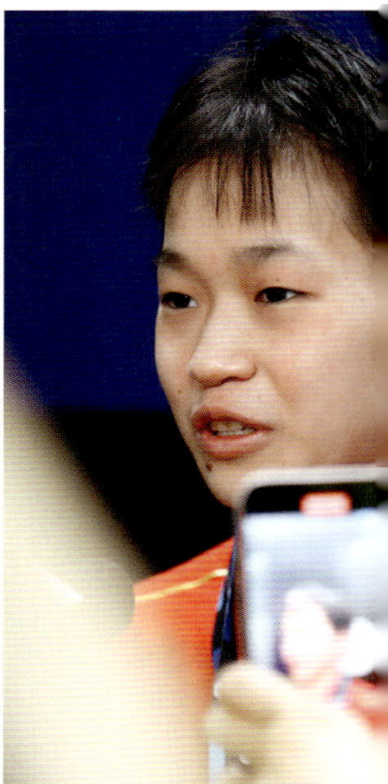

● 2024年跳水世界杯总决赛，全红婵获得女子10米台亚军，她表示非常喜欢这次的奖牌伴手礼"唐妞"。

2024年跳水世界杯总决赛女子双人10米台决赛，全红婵（右）和陈芋汐在比赛中。

农夫山泉
NONGFU SPRING

↖
← 2024年跳水世界杯总决赛，全红婵和陈芋汐完美展现动作同步性。
↑

→ 2024年跳水世界杯总决赛，全红婵（左）完赛后开心大笑。

2024年跳水世界杯总决赛，全红婵(右三)/陈芋汐(左三)获得女子双人10米台冠军，亚军为加拿大组合凯特·米勒(左二)/凯丽·麦凯(左一)，季军为乌克兰组合克谢尼娅·拜洛(右二)/索菲娅·利斯昆(右一)。

### 2024年跳水世界杯总决赛(单人)

| 轮次 | 动作代码 | 动作名称 | 得分 |
|---|---|---|---|
| 1 | 107B | 向前翻腾三周半屈体 | 85.5 |
| 2 | 407C | 向内翻腾三周半抱膝 | 91.2 |
| 3 | 6243D | 臂立向后翻腾两周转体一周半 | 81.6 |
| 4 | 207C | 向后翻腾三周半抱膝 | 66 |
| 5 | 5253B | 向后翻腾两周半转体一周半屈体 | 86.4 |
| 总 | | 亚军 | 410.7 |

2024年跳水世界杯总决赛(双人)

| 轮次 | 动作代码 | 动作名称 | 得分 |
|---|---|---|---|
| 1 | 201B | 向后翻腾半周屈体 | 54.6 |
| 2 | 301B | 反身翻腾半周屈体 | 56.4 |
| 3 | 107B | 向前翻腾三周半屈体 | 80.1 |
| 4 | 407C | 向内翻腾三周半抱膝 | 88.32 |
| 5 | 5253B | 向后翻腾两周半转体一周半屈体 | 85.44 |
| 总 | | 冠军(搭档陈芋汐) | 364.86 |

Part 5 奥运前哨

# 无缘个人大满贯又怎样
# 目标只有奥运会

世界杯总决赛
全红婵与单人冠军擦肩而过
也与自己单人项目的「大满贯」无缘

从多哈归来，全红婵再度陷入了怪圈。

世锦赛上207C接近满分的表现，让她在训练中又一次感觉尽失。一次次跳跃，一次次以失败告终。陈若琳着急又无奈，有时候甚至一堂课只练习207C一个动作，但收效甚微，进度远不及预期。周继红也会战略性地进行提点，给出建议，但是训练依然还是要靠师徒二人执行，并慢慢找感觉。

就这样，在和207C的不断较量中，全红婵迎来了17岁生日，也迎来了世界杯总决赛。

4月21日，全红婵在西安举行的奥运会前最后一场大赛中，未能演绎神奇，正常反馈出了训练水平，207C再次出现重大失误，仅得到66分，与世界杯总决赛单人冠军擦肩而过，也与自己单人项目世界大赛“大满贯”无缘。

陈若琳在角落里悄悄地哭了。当运动员时，手握单人和双人大满贯的她希望自己的弟子也能拥有同样的荣誉，而全红婵也确实具备这样的实力。只是两个人倾尽所有，现实却总是坎坎坷坷，事与愿违。

擦干眼泪，陈若琳想通了一件事：个人大满贯又怎么样？我们的目标不止于此。这个只是一场比赛而已，我们的目标只有奥运会！

# 拿捏·双金

似乎身处巴黎的全红婵身上多了一种松弛感以及她早就应该拥有的那份自信

## 吃得下睡得着

在摔摔打打与磕磕碰碰中，走过了三年，全红婵终于第二次来到了奥运会的门口。

巴黎当地时间7月21日早上，她跟随中国跳水队乘坐航班顺利抵达戴高乐机场。刚刚在奥运村安顿下来，分好房间，行李都还没有收拾妥当，全队顾不上舟车劳顿，便出发准备开始抵达巴黎后的第一堂训练课。只是不靠谱的班车，迟到了将近20分钟才现身，这几乎搅乱了中国队的训练计划。

巴黎当地时间下

午1点55分，他们终于出现在了巴黎奥林匹克水上运动中心，此时距离组委会给中国队安排的训练时间仅仅剩下了65分钟的时间。

在飞机上一直没怎么睡的全红婵，跟随着大部队的节奏，稀里糊涂地下水，匆匆忙忙地完成了在奥林匹克水上运动中心的第一堂训练课。

巴黎奥运会好像就这样顺理成章、平平静静，又慌里慌张地开始了。

已经身经百战的全红婵不再是三年前那个心惊胆战、不谙世事的奥运新人了。住进奥运村狭小的房间里，跟主管教练陈若琳挤在一个房间里，按她的话讲“吃得下睡得着”，时差很快就调整过来了，“一觉能睡到天亮，中间不带醒的”。虽然奥运村的饭“并不合口”，但是完全不会影响心情，看上去全红婵在巴黎过得挺自在。

每天的训练根据安排，最多就两堂课，每次加上陆上训练也就两小时。这比在国内备战时轻松了不少，于是心情也跟着好了起来。

巴黎时间7月26日是奥运会的开幕日，她和队友们被通知，将缺席晚上的开幕式。其实，为了专心备战很早便开始的跳水比赛，不参加开幕式已经成为“梦之队”的传统，就在第一次参与奥运会的一年级新生们扼腕叹息的时候，年轻的“老”队员全红婵一副见怪不怪的神情，“哎，也没什么可遗憾的，去不去都成”。

在她看来，尽快适应这个有些冷的场馆，比去开幕式重要。那天她的训练效果相当不错，连续几个207C都“欻”了，引得同组训练的外国教练和运动员一片掌声。

7月27日，陈艺文/昌雅妮获得巴黎奥运会女子双人3米板金牌，没有比赛任务的全红婵举着国旗为队友加油助威！

# 双人项目轻松“拿捏”

巴黎时间7月27日，女子双人3米板为中国跳水队开了个好头，赛前一直按照中国代表团首金做准备，全队上下为这份如约而至的好运欢欣鼓舞。全红婵也为自己亲爱的“熊姐”——她对陈艺文的爱称，开心不已。她特意从运动员席跑下来，站在颁奖台的侧方，不停地给“熊姐”拍照，自己蹦蹦跳跳地像是已经站上了奥运冠军领奖台。

只是那个时候，队里大多数人并不知道，与跳水同时开赛，但是先于跳水结束的射击混合团体10米气步枪已经射落了中国代表团的首金。尽管得知消息后，欢乐的气氛略打折扣，但是全红婵轻松的心态确实彰显无遗。

这种轻松一直延续到4天后，她参加的女子双人10米台决赛。决赛前检录的时候，全红婵在后台热热闹闹地拍照，面对郭晶晶的镜头，直接亲了上去。入场时，她拽着陈芋汐的手，一个劲儿地往前冲，看上去对于比赛已经迫不及待了。尽管是第一次参加奥运会的双人比拼，但是全红婵和陈芋汐搭档已有两年零八个月，世界性比赛十连胜，夺冠概率达到100%，这些都让她有了十足的底气。

比赛的过程乏善可陈，359.10分不是她们的最高水平，但依然赢了第二名朝鲜的金美莱和赵珍美43.20分。这场比赛的胜利，让全红婵在双人项目上完成了自己运动生涯的首个“大满贯”，而且缔造

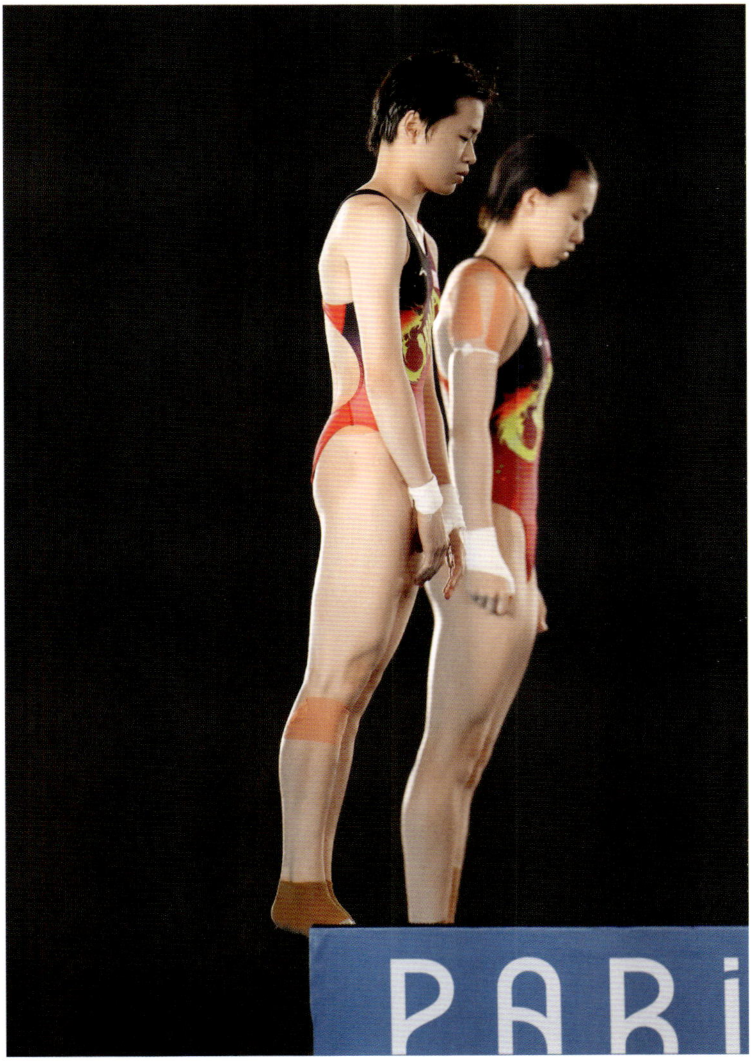


↑ 奥运会前全红婵(右)曾说：“特别想跟陈芋汐一起手牵手站上最高领奖台。”北京时间7月31日，她的愿望终于实现，两人夺得了巴黎奥运会女子双人10米台金牌。

→ 全红婵(左)和陈芋汐在起跳前回想动作要领。

了中国跳水奥运第50金的历史。她跳到了陈芋汐的怀里，用她们设计好的“拿捏”手势，展示自己的喜悦。

两年前，她和白钰鸣成为中国跳水世锦赛历史上100金获得者；而这天，她又携手陈芋汐书写了中国跳水奥运史上50金的辉煌。在她身上，似乎总能看到幸运与传奇。

“我也说不清为什么总是我，大概就是锦鲤体质吧！”似乎身处巴黎的全红婵，身上多了一种松弛感以及她早就应该拥有的那份自信。

巴黎奥林匹克水上中心又下起了“娃娃雨”，大大小小的礼物投向她，让她爱不释手，看上去那些叫不出名字的玩偶，比金牌对她的吸引力还要大，以至于当她接受各路媒体的采访时，注意力总会被手里的玩偶牵引着，这是属于她特有的真实。

← 全红婵(右)和陈芋汐第一跳201B的起跳高度和动作舒展性无人能比。

↓ 全红婵(右)和陈芋汐第一跳201B展示了完美的同步性。

↑ 全红婵(右)和陈芋汐在准备第二跳301B。

↓ 相机从俯拍的视角捕捉到全红婵(右)和陈芋汐第二跳301B的空中镜头。

→ 全红婵(右)和陈芋汐空中打开即将入水的瞬间。

→ 全红婵(右)和陈芋汐在第三跳107B空中翻腾的画面。

↑ 全红婵(右)和陈芋汐第四跳407C拿到五跳中最高的85.44分。

← 全红婵(左)和陈芋汐在准备第四跳407C。

## 全红婵谈搭档

她(陈芋汐)比我大两岁，人很好。我跳不好、不开心的时候，她会去鼓励我。在双人项目上，她经验更多一些，教我教得也比较多一点。

小小巴黎
拿捏！

宁可自己赢了，热搜
挂一小时，也不想
输了挂一天。

首次夺得奥运会双人10米台冠军后，兴奋的全红婵紧紧地搂着陈芋汐，整个人都挂在了陈芋汐身上。而陈芋汐则像个大姐姐一样抱着全红婵。

← 全红婵(右)和陈芋汐完成比赛后在等候区等待最后名次的产生，向摄像机比着胜利的手势。

↓ 夺金后第一时间，全红婵和陈芋汐一路小跑去拥抱各自的主管教练陈若琳(右)和余晓玲(左)。

双人10米台赛后新闻发布会上，全红婵发现了什么，惊讶地捂住了自己的嘴巴，原来是冬奥冠军谷爱凌也来到了现场。谷爱凌给两人送上了玩偶，让全红婵惊喜不已。

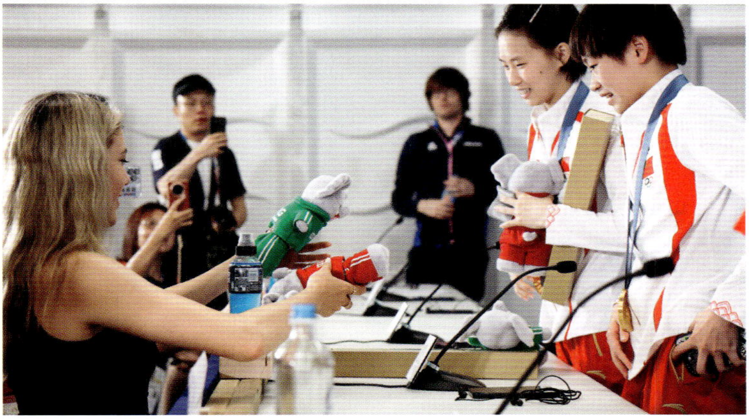

获得巴黎奥运会女子双人10米台冠军的陈芋汐（左三）/全红婵（左四）和亚军朝鲜选手赵珍美（左一）/金美莱（左二）、季军英国选手斯彭多利尼（右一）/图尔森赛后合影。

GREAT BRITAIN
GBR
GBR

蝉联奥运会女子10米台金牌，全红婵对于摆pose已经驾轻就熟了。

# 做最好的自己

“做自己”其实很难，但是全红婵显然是这么做的，更是这么说的。这三个字被她在巴黎时间8月6日夺冠后，无数遍地提及，几乎每个媒体采访她的时候，都会听到这样的说法。是自己意识的觉醒，或是从哪里听到后的活学活用，或者干脆是身边人的传授，这无从考究。总之，事后回想，再次站上奥运女子10米台冠军领奖台，成为中国跳水历史上第三位蝉联该项目冠军的人，确实很需要这种精神。

8月5日，她在预赛中以421.25分排在首位。仅仅两个多小时后，她在半决赛中，再次以421.05分位列第一，这也意味着决赛她将在陈芋汐之后登场。

其实，对于两个水平接近的高手对决，后出场未必是个好位次。这在两个人交手中，已经多次得到了验证。往往夺冠的，反而是半决赛排在第二、先出场的人。只是这一次，对于全红婵来说，不考虑战术，只要做最好的自己。

8月6日的决赛，第一跳她就惊艳了所有人，又是一个满分动作，7个裁判齐刷刷地为她亮出了10分。

两跳过后，她已经将与陈芋汐的分差拉开到了13.90分。

接下来两轮向后的动作，都是陈芋汐的强项，她在第

三轮将两人分差缩小到1.60分，随后又高水准地完成了207C，得到89.10分的高分。

又是那个无数遍折磨过她的动作，横在全红婵面前。这一次她没有过多的犹豫，果断勇敢地跳了出去，身体笔直地插入水中，几乎没有翻涌起什么水花。有效分2个9.5分、1个9.0分、92.40分的得分，是对她三年来起起伏伏与自我重建的最好致敬。

这一次她做好了自己，也成就了自己。

425.60 分， 全红婵时隔三年零一天后，再一次站上了她梦寐以求的最高领奖台，闪闪发光。

而关于她的故事，或者传奇，还将继续……

**巴黎奥运会官网介绍全红婵时，特别提到了“水花消失术”：她在2020年东京奥运会上打破纪录的表现如此出色，以至于人们创造了一个新的汉语词汇来形容她的表现。这个词是“水花消失术”，字面意思是“水花消失的技术”。这反映了她入水时几乎不会激起涟漪的能力。**

全红婵第一跳 107B 表现完美，7 位裁判全部给出了 10 分。

CHINA
PARIS 2024

← 全红婵带着坚定的信念走向起跳点。

→ 全红婵在准备第三跳 6243D 的倒立动作。

全红婵第四跳
207C空中翻腾
瞬间。

ARiS 202

← 全红婵在最难的207C上没有失误，并且拿到了全场最高的92.40分。

↓ 全红婵第五跳5253B空中转体瞬间。

全红婵第五跳5253B空中转体瞬间。

蝉联奥运会女子10米台冠军后，全红婵哭着拥抱了教练陈若琳，赛后她说：“很开心，然后想到这三年自己也经历了很多困难，有点绷不住了。这三年和教练闹过，也吵过，但这个期间我觉得她更辛苦一些吧，一直带着我还要照顾我，可能那一瞬间我们俩都绷不住了。”

→ 女子10米台比赛结束后，全红婵(中)和陈芋汐(左)以及朝鲜选手金美莱向摄影机比手势。

↓ 再次站上奥运会跳水女子10米台最高领奖台，全红婵高举双臂庆祝。

ARIS 2
DPRK
DPRK
DPRK

↑ 三年的不懈努力，终于换来了巴黎的金牌，全红婵爱不释手。

← 在巴黎奥运会跳水女子 10 米台颁奖仪式上，冠军全红婵（中）和亚军陈芋汐（左）、季军金美莱合影留念。

**2024年巴黎奥运会(单人)**

| 轮次 | 动作代码 | 动作名称 | 得分 |
|---|---|---|---|
| 1 | 107B | 向前翻腾三周半屈体 | 90 |
| 2 | 407C | 向内翻腾三周半抱膝 | 84.8 |
| 3 | 6243D | 臂立向后翻腾两周转体一周半 | 76.8 |
| 4 | 207C | 向后翻腾三周半抱膝 | 92.4 |
| 5 | 5253B | 向后翻腾两周半转体一周半屈体 | 81.6 |
| 总 | | 冠军 | 425.6 |

全红婵（右）和陈芋汐展示巴黎奥运会的奖牌。

**2024年巴黎奥运会（双人）**

| 轮次 | 动作代码 | 动作名称 | 得分 |
|---|---|---|---|
| 1 | 201B | 向后翻腾半周屈体 | 56.4 |
| 2 | 301B | 反身翻腾半周屈体 | 54.6 |
| 3 | 107B | 向前翻腾三周半屈体 | 80.1 |
| 4 | 407C | 向内翻腾三周半抱膝 | 85.44 |
| 5 | 5253B | 向后翻腾两周半转体一周半屈体 | 82.56 |
| 总 | | 冠军（搭档陈芋汐） | 359.1 |

Part 7

# 后记

尽管每次听到的都是「老三样」「你要坚持，你要加油，你行的」但是几天听不到又会很想念

## 家的温暖

全红婵出生在广东省湛江市麻章区麻章镇迈合村，尽管湛江是个沿海城市，但是迈合村离海尚远，基本以农耕为主，并不富裕。

父亲全文茂和母亲冯玲妹似乎每天有忙不完的事儿，上要赡养年迈的父母，下要抚育的五个子女：大儿子全进华和大女儿全红月，老三全红婵，四妹全红桃和五弟全进鹏。

九口之家的重担压在夫妻俩肩上，让他们不堪重负。全文茂除了忙活自家地里的活计，还会在农闲的时候到处打零工；冯玲妹为了给丈夫分担压力，也会到距离村子不远的单位里帮厨，挣些外快贴补家用。两个人年轻的时候都是干活的好手，无论是几十斤的水泥还是成捆的甘蔗，都是上了肩说走就走。小的时候，全红婵经常在地里，和哥哥姐

↑ 全红婵父亲和哥哥去干活的路上。

← 迈合村，全红婵出生的地方。

↓ 全红婵爸爸妈妈和哥哥平时的午饭就是三个家常菜。

姐一起，帮助父母捡甘蔗，然后目送他们压弯了的身子，背负重担渐行渐远。

这样的日子虽然清苦，但也算平静。只是一场意外彻底碾碎了一切。

母亲骑车，在下班回家的路上遭遇了车祸，经过抢救命是保住了，但是落下了癫痫的后遗症。全红婵有很长时间不知道

“癫痫”两个字怎么读，更不知道这个病的厉害，只记得小时候，妈妈常常会晕倒。从此，冯玲妹丧失了劳动能力，只能做些力所能及的家务活。

看病、吃药、孩子上学哪一样都需要钱。那是家里最狼狈的一段日子，为给母亲看病借了不少钱，家里债台高筑，可是家庭的经济来源只剩下父亲全文茂一人，于是举债的数字越滚越大。

全红婵之所以对辣条情有独钟，是因为手里根本没有零花钱；而父亲之所以如此吝啬，是因为家里确实穷。相当长的一段时间，家里都不怎么买猪肉，看孩子们吃得实在缺油水，就买点便宜的猪头肉解解馋。

全红婵清楚地记得：有一次开学，父亲给了她1块钱去买本子，她只花了5毛，剩下的5毛钱被她自作主张地买了辣条。那包辣条的美味，至今她还记忆犹新。后来，在很长一段时间里，全红婵的人生理想就是当个超市老板，可以有吃不完的辣条和那些她叫不上名字的零食。

只是这样的念头出现没多久，她的理想在命运的牵引下拐了个弯儿。

2014年，湛江市体校跳水教练陈华明到迈合小学选苗子，发现了7岁的全红婵正在“跳房子”，她动作轻盈舒展，很是抢眼。为她进行立定跳远测试，当时这个身高1.2米的小丫头居然跳出了1.76米。她惊人的爆发力，让陈华明特地跑到全红婵家里，向全文茂争取全红婵，希望后者能够将女儿交给他，往跳水专业运动员的方向培养。

于是，几个月后，全红婵到湛江市体校报到，成为住校生。

不久后，初中毕业的大哥全进华选择不再读书，也离开了家，远赴上海当起了帮厨，为父亲分担生活的重担。每个月5000块左右的收入，他只留下几百块，剩下的全都寄给父母补贴家用。冯玲妹至今提起大儿子还会抹眼泪，“我之所以偏心老大，就是觉得他为这个家牺牲了太多”。

在少体校的全红婵是没有收入的，但是一直把大哥作为自己的榜样，在她幼小的心灵里，已经有了“分担”的概念。直到4年后，她进了省队，终于有了稳定的收入，尽管微薄，她还是把工资卡交给了父亲，终归变成了家庭生产力的创造者。

时间来到2020年10月，全红婵首次进入国家队集训队，以惊人的速度完成了身份转换的三级跳。初到国家队，虽然有对她知根知底的何威仪教练在身边陪伴，但是未满14岁的小姑娘，在人生地不熟的跳水最高殿堂

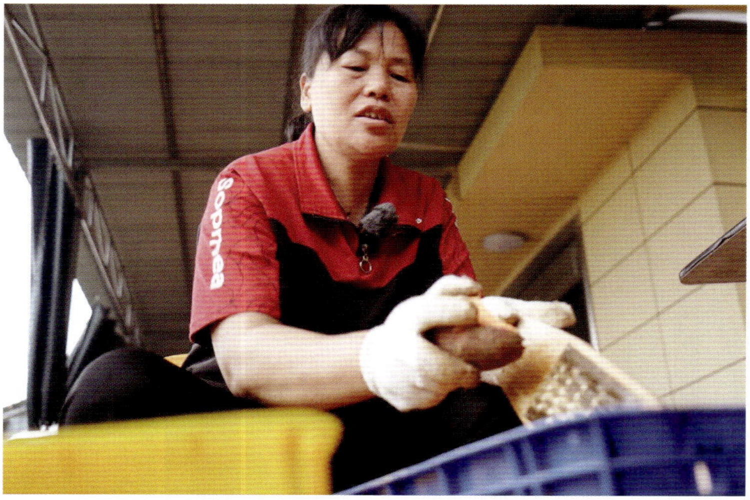

还是感到不适应。

有时，她会在最后进行身体力量训练时，和哥哥拨通视频，然后将手机放在一边，让哥哥看着自己训练，见缝插针地说上几句。训练结束后，她在班车上、餐厅里，都会拉着哥哥说个没完，不知不觉就是一两个小时。

她也会时常跟父母视频，尽管每次听到的都是“老三样”，“你要坚持，你要加油，你行的”，听得简直耳朵都快起茧子了，但是几天听不到，又会很想念。

其实妈妈一直有一句话憋在心里不敢讲，怕影响她的士气。那是自己的前车之鉴，她真心觉得：冠军不冠军的无所谓，只要有个好身体，比什么都强！

或许这就是家人吧。

东京奥运会决赛前不久，冯玲妹突发急性肺出血，在ICU里抢救了5天。家里人既没通知队伍，更不敢告诉全红婵，只是把远在上海的哥哥叫回了家，想让全进华见妈妈最后一面。或许上天不忍心让这个命运多舛的家庭雪上加霜，妈妈最终闯过了鬼门关，病情渐渐平稳。而大哥则辞去了上海的工作，在镇上找了个餐厅，守在父母身边，继续干着老本行。

2021年8月5日，对于全家来说无疑是个大日子。全红婵在东京奥运会上的一鸣惊人，也将这个有着太多故事的底层家庭，无限放大地展现在公众面前。这大概就是奥运会神奇的地方，尽管残酷，可是一旦成为它的宠儿，

↑ 全红婵家的果园。

← 妈妈平时也干些力
→ 所能及的家务活。

便被它牵引着发生命运的转折。

铁打的全文茂经历过太多生活的艰难，从没掉过一滴泪，但是女儿夺冠的时刻，他几乎情难自已。不过，要面子的爸爸坚称自己是“笑中带泪”，展示了“激动的形象”。只是巨大的幸福背后，他无法预料也会有无尽的烦恼如影随形。

全红婵一夜成名，热度居高不下，让全家人如同《楚门的世界》一般，暴露在公众面前。为了女儿的前途，全文茂可以婉拒各种企业的奖金，甚至价值不菲的房产。但是，他无法控制在老宅上空飞来飞去的无人机，更不能将络绎不绝的参观团游客全部赶走。

网络上对于全红婵以及全家的赞美比比皆是，但是恶意的揣测与不着边际的谣言，同样满天飞。他们并非活在真空里，即便刻意不去翻看手机，身边的人还是会用原始又传统的口耳相传的方式，绘声绘色地把他们想屏蔽掉的信息，又原原本本甚至添油加醋地呈现在他们面前。

冯玲妹的身体经不起折腾，于是夫妻俩干脆搬到了山坡上看果园的屋子里。

说来也怪，那年屋子旁边的橙子园大丰收，黄澄澄的缀满了枝头。罕见的丰收，不仅迎来了全运会后载誉归来的全红婵，而且也成为全家的新起点。

作为年轻人，大哥全进华在网络时代耳濡目染，对于新鲜事物的接受程度显然比父辈要高得多。直播的风靡，让他很自然地想到了用这种流行的方式，来享受自家水果丰收的红利。没有人指点，也没有团队合作，他就在自家果园里，靠自我领悟，有样学样地将几百斤的橙子卖光了。没有被中间商盘剥，自然也就有了不错的收益。

只是，在父亲的授意下，全进华在直播全程都没有提及妹妹全红婵，全家不想再惹出不必要的事端。

随后，全进华便被广东省团委选拔并推荐参加了“助力百千万工程”的千人创客班，通过学习，系统了解了视频、直播等多样化的网络互动形式。于是，他开始转换赛道，正式转型到电商行业，与团

← 全红婵家的老宅。

↓ 全红婵的爷爷在院子里扫地。

队合作，开启了新的人生。

从卖自家的水果，到帮助村子里的乡亲们，再到用两年多的时间把足迹踏遍大半个中国，全进华一直没有离开过脚下的这片热土。他带货只做农产品，把真金白银送到农民手里。渐渐地，“全红婵哥哥”的身份也被曝光出来，在网络上粉丝的数量累计已达上百万。喜欢全红婵以及全进华的人自然会慷慨解囊，但是，“消费全红婵”的说法也结结实实地扎进全进华的耳朵里。

“我非常感谢我妹，没有她，我或许不会做电商行业，也没有这么多粉丝。我妹确实带来了流量，但是我也必须通过努力，才能帮助农民朋友把东西卖出去。我通过自己的双手去挣钱，去改变家庭，每一分钱都是干净的。”

在烈日下，泡在地里了解产品特性，做直播准备，再加上每天七八个小时直播过程中不停地叫喊，胖胖的全进华肤色黝黑，声音沙哑，但是他现在觉得很知足，“我们家确实已经有了很大的变化，最起码我想给我妈买什么，我都买得起，可以做到自给自足了。我也做着自己想做的事。这些都要感谢我妹妹”。

冯玲妹身体已经大有起色，虽然还是离不开装着药片的各种瓶瓶罐罐。

每天操持一下家务，在果园里生态放养着各种“走地”家禽，养大了，也是收入，她很知足。以前不敢跟全红婵提及的健康话题，现在通话时常被她挂在嘴边：“健康最重要，保护好自己。”

全文茂已经将家里有限的土地，都改成了果园，种植经济作物。虽然不用每天都泡在地里侍弄靠天吃饭的庄稼，但是一天到晚，他仍然闲不住。上山砍柴，一大捆几十斤，背在肩上，一路小跑地便冲到半山腰的住地，好像又回了年轻的时候。

全红婵则跟随着国家队的脚步，执着地与跳水为伴，和难搞的207C不停地撕扯与拉锯着。在不断的翻腾和跳跃中，她渐渐走近巴黎。

每个人都在用尽全力地生活，只希望让全家的日子能过得更好。

冯玲妹在心底一直有个心愿：“希望巴黎奥运会后，家里真的能盖个三层的大房子。我的孩子们能一人有一间屋子，妹妹（全红婵）回来，也有地方住了！”

巴黎奥运会

全红婵继续上演着“水花消失术”

包揽了女子10米台单双人两枚金牌

成为继伏明霞、陈若琳后

第三位蝉联奥运会女子10米台冠军的中国选手

17岁的她已手握三枚奥运会金牌

而未来属于她的时代也正徐徐展开

⋮